한눈에 익히는

기초 일본어

최석완 · 하야시 도모코 · 차일근 · 임명수 공저

어문학사

집필자

최석완

　　일본 도쿄대학 대학원

　　대진대학교 일본학과 교수

하야시 도모코

　　일본 미야기가쿠인여자대학 대학원

　　대진대학교 일본학과 교수

차일근

　　일본 메이지대학 대학원

　　대진대학교 일본학과 교수

임명수

　　일본 도호쿠대학 대학원

　　대진대학교 일본학과 교수

이 책으로 공부할 여러분께

우리는 흔히 한일 두 나라의 관계를 가깝고도 먼 나라라고 부른다. 이것은 양국 관계가 시시각각 변화하는 다양한 국내외 정세에 민감하게 반응하고 있다는 증거다. 최근 몇 년 동안 한중 관계가 친밀해지면서 한일 관계는 다소 소원해진 감이 없지 않다.

그러나 그런 중에도 한류의 일본 진출은 계속되었고, 특히 2016년에 들어오면서 한류는 다시 한번 재도약할 조짐을 보이고 있다. 뿐만 아니라 최근 몇 년 동안 우리나라는 정부와 지자체가 발 벗고 나서서, 청년 실업 문제를 해결하는 돌파구로 일본을 활용하려는 정책을 적극적으로 전개해 왔다. 고령화 사회로 접어든 탓에 일손 부족에 어려움을 겪게 된 일본 기업과의 이해관계가 맞아떨어지면서, 일본 취업에 성공하거나 취업을 희망하는 젊은 세대가 이전보다 크게 늘어난 것도 사실이다.

현재 일본은 조선, 철강, 자동차, 드론, 우주, 항공 등 첨단 산업을 발전시켜 나가면서, 세계 최고 수준의 로봇 기술을 기반으로 미국, 독일 등과 함께 4차 산업혁명을 이끌어 갈 선진 선도 국가로서의 입지를 다져 나가고 있다. 이런 상황에서 '제조업 3.0 전략'을 발표하고 4차 산업혁명에 대비하고 있는 우리나라로서는 사회 전 분야에 걸친 일본과의 우호적 교류 관계를 앞으로도 더욱 발전시켜 나갈 것으로 예상된다. 일본어 능력을 겸비한 일본 전문가를 필요로 하는 사회적 요구가 계속 늘어날 것으로 예측되는 이유다.

일본어는 우리나라 말과 성격과 구조가 유사해서 비교적 익히기가 수월한 언어다. 제2외국어 가운데 일본어만큼 단기간에 익혀서 실제 현장에서 활용할 수 있는 언어는 흔치 않다. 많은 사람들이 외국어 공부에 도전했다가 실패한 경험을 갖고 있다. 특히 그런 경우라면 더욱 더 일본어 학습에 도전해 볼 것을 권유하고 싶다.

본 교재는 처음 일본어를 접하거나 일본어 정복에 실패한 경험이 있는 학습자를 주요 대상으로 만들어진 교재다. 그 중에서도 특히 혼자 힘으로 일본어를 정복하고 싶어 하는 학습자가 흥미를 잃지 않고 기초 일본어 과정을 수월하게 마칠 수 있도록 고안되었다.

우리 대진대학교 교수진은 이미 여러 해에 걸쳐 교육 현장에서 다양한 교재를 실험적으로 사용해 본 경험이 있다. 그 결과 대체로 흥미를 잃지 않고 반복 학습을 통해 기초 과정을 충분히 익힐 수 있을 만한 교재가 많지 않다는 데 의견을 같이 했다. 또 우리 대진대학교 교수진이 펴내 호평을 받았던 "초급 일본어 길라잡이"라는 교재에 대해서도, 기초 부분을 조금 더 시간을 두고 충분히 익힐 수 있는 배려가 있었으면 좋겠다는 학습자들의 목소리를 듣게 되었다. 우리 대진대학교 교수진이 입문용 교재가 넘쳐나는 현실을 숙지한 상태에서도 본 교재를 출판하게 된 이유다.

본 교재는 처음으로 일본어를 접하는 학습자가 혼자서도 일본어의 말하기, 읽기, 듣기, 쓰기 과정을 충분히 소화할 수 있도록 고안되었다. 많은 학습자들이 본 교재를 활용해 일본어의 기초 과정을 습득하고 다음 단계로 발전해 나갈 수 있기를 진심으로 바란다.

2016년 9월

저자일동

ひらがな

	あ행	か행	さ행	た행	な행
あ단	あ [a] あめ	か [ka] かさ	さ [sa] さくら	た [ta] たまご	な [na] なまえ
い단	い [i] いえ	き [ki] き	し [si] しお	ち [ti] ちかてつ	に [ni] にく
う단	う [u] うみ	く [ku] くつ	す [su] すし	つ [tu] つき	ぬ [nu] いぬ
え단	え [e] えき	け [ke] けっこん	せ [se] せんたく	て [te] て	ね [ne] ねこ
お단	お [o] おとな	こ [ko] こども	そ [so] そうじ	と [to] とけい	の [no] のど

は행	ま행	や행	ら행	わ행	ん행
は [ha] はな	ま [ma] まど	や [ya] やま	ら [ra] とら	わ [wa] わたし	ん [n] かんこく
ひ [hi] ひこうき	み [mi] みみ		り [ri] りんご		
ふ [hu] ふね	む [mu] むし	ゆ [yu] ゆき	る [ru] さる		
へ [he] へや	め [me] め		れ [re] れいぞうこ		
ほ [ho] ほし	も [mo] もち	よ [yo] よる	ろ [ro] ろうか	を [o] 水を飲む	

カタカナ

	ア행	カ행	サ행	タ행	ナ행
ア단	ア [a] アイスクリーム	カ [ka] カメラ	サ [sa] サッカー	タ [ta] タクシー	ナ [na] バナナ
イ단	イ [i] インターネット	キ [ki] スキー	シ [si] シャツ	チ [ti] チーズ	ニ [ni] ニュース
ウ단	ウ [u] ウォン	ク [ku] クリスマス	ス [su] スーパー	ツ [tu] バケツ	ヌ [nu] ヌードル
エ단	エ [e] エアコン	ケ [ke] ケーキ	セ [se] セーター	テ [te] テレビ	ネ [ne] ネクタイ
オ단	オ [o] ライオン	コ [ko] コーラ	ソ [so] パソコン	ト [to] トイレ	ノ [no] ノート

ハ행	マ행	ヤ행	ラ행	ワ행	ン행
ハ [ha] ハンカチ	マ [ma] マイク	ヤ [ya] タイヤ	ラ [ra] ラジオ	ワ [wa] ワイン	ン [n] ラーメン
ヒ [hi] コーヒー	ミ [mi] ミルク		リ [ri] リサイクル		
フ [hu] フルート	ム [mu] ホームステイ	ユ [yu] ユニフォーム	ル [ru] ルビー		
ヘ [he] ヘルメット	メ [me] メール		レ [re] レモン		
ホ [ho] ホテル	モ [mo] モノレール	ヨ [yo] ヨット	ロ [ro] ロボット	ヲ [o] ヲ	

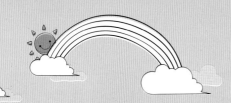

등장인물

● キム ユノ (김유노) ●

일본 동서대학교에 유학하고 있는 한국인 학생. 대학교 2학년생, 편의점 아르바이트를 하면서 열심히 일본어 공부를 하고 있음.

● 中井 理沙 (나카이 리사) ●

국제 교류회 파티에서 김 씨를 만나 친구가 되었음. 회사원.

● 野村先生 (노무라선생님) ●

김 씨가 재학하고 있는 대학교 일본어 선생님.

● 松田さん (마쓰다 씨) ●

김 씨가 아르바이트를 하고 있는 편의점 동료.

● 小林さん (고바야시 씨) ●

김 씨의 클래스메이트.

文字と発音
문자와 발음

1 ひらがな·カタカナ 히라가나 · 가타카나

「きょう、アニメのDVDを5,000円で買いました。」

이 문장과 같이, 일본어는 보통 히라가나·가타카나, 그리고 한자로 구성되어 있다. 또한 알파벳이나 숫자도 사용된다. 기호는 쉼표「、」와 마침표「。」를 사용한다. 외래어나 의성어는 가타카나로, 조사는 히라가나로 표기하지만, 그 외는 히라가나와 한자로 표기한다.

· · ·

일본어의 모음은 [a] [i] [u] [e] [o] 의 5개가 있고, 자음은「청음」「탁음」「반탁음」이 있다.

清音 청음

● ひらがな 히라가나

	あ행	か행	さ행	た행	な행	は행	ま행	や행	ら행	わ행
あ단	あ	か	さ	た	な	は	ま	や	ら	わ	ん
い단	い	き	し	ち	に	ひ	み		り	
う단	う	く	す	つ	ぬ	ふ	む	ゆ	る	
え단	え	け	せ	て	ね	へ	め		れ	
お단	お	こ	そ	と	の	ほ	も	よ	ろ	を

● カタカナ 가타카나

	ア행	カ행	サ행	タ행	ナ행	ハ행	マ행	ヤ행	ラ행	ワ행	
ア단	ア	カ	サ	タ	ナ	ハ	マ	ヤ	ラ	ワ	ン
イ단	イ	キ	シ	チ	ニ	ヒ	ミ		リ		
ウ단	ウ	ク	ス	ツ	ヌ	フ	ム	ユ	ル		
エ단	エ	ケ	セ	テ	ネ	ヘ	メ		レ		
オ단	オ	コ	ソ	ト	ノ	ホ	モ	ヨ	ロ	ヲ	

濁音 (だくおん) 탁음

	が행	ざ행	だ행	ば행
あ단	が	ざ	だ	ば
い단	ぎ	じ	ぢ	び
う단	ぐ	ず	づ	ぶ
え단	げ	ぜ	で	べ
お단	ご	ぞ	ど	ぼ

半濁音 (はんだくおん) 반탁음

	ぱ행
あ단	ぱ
い단	ぴ
う단	ぷ
え단	ぺ
お단	ぽ

か행	さ행	た행	な행	は행	ま행	ら행	が행	ざ행	ば행	ぱ행
きゃ	しゃ	ちゃ	にゃ	ひゃ	みゃ	りゃ	ぎゃ	じゃ	びゃ	ぴゃ
きゅ	しゅ	ちゅ	にゅ	ひゅ	みゅ	りゅ	ぎゅ	じゅ	びゅ	ぴゅ
きょ	しょ	ちょ	にょ	ひょ	みょ	りょ	ぎょ	じょ	びょ	ぴょ

> * 활자체와 필기체

「き」「さ」「な」「ふ」「む」「ゆ」「り」는 활자체이다. 틀린 것은 아니지만, 손으로 쓸 때는 필기체를 보면서 연습하자.

- 활자체   き さ な ふ む ゆ り

- 필기체   き さ な ふ む ゆ り

★ 일본어를 찾아보자

여러분 주변에 있는 일본어 문자나 문장을 찾아서 사진을 찍어보자.

히라가나, 가타카나, 한자를 구별해보자.

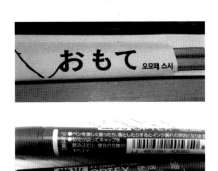

★ 히라가나를 써보자

당신이 좋아하는 히라가나 한 글자를 붓으로 써보자.

도메, 하네, 하라이에 주의하면서 써보자.

어디가 어려웠을까요?

● 서예를 하는 사진

● 곡선의 아름다움

삐침선(하라이)

갈고리선   멈춤(도메)
(하네)

● 학생 작품

● 히라가나와 가타카나는 어떻게 만들어졌나요?

　　양쪽 다 한자로부터 파생되어 8세기에는 정립이 되었다고 합니다. 가타카나는 중국의 한문을 읽을 때 보조기호로 시작되었으며, 한자 일부를 사용하여 만들어진 듯합니다. 예를 들어 「ウ」는 「宇」라는 한자의 윗부분, 「カ」는 「加」의 왼쪽 부분입니다. 한편, 히라가나는 한자의 흘림체입니다. 「あ」는 「安」에서, 「せ」는 「世」에서 파생되었습니다. 히라가나는 「女文字」(여성문자)라고도 불렸고, 平安(헤이안) 시대※에 교양 있는 여성들은 일기나 연애편지 등을 히라가나로 썼다고 합니다.

　　※ 平安(헤이안)시대: 8세기~12세기, 현재의 교토가 수도였던 시대.

2 清音 <small>せいおん</small> 청음

일본어의 모음은 [a] [i] [u] [e] [o]의 5가지가 있고, 청음의 자음은 [k], [S] / [sh], [t] / [ch] / [ts], [n], [h] / [f], [m], [y], [r], [w] 가 있다.

あ	い	う	え	お
ア	イ	ウ	エ	オ
[a]	[i]	[u]	[e]	[o]

あめ 비　　　いえ 집　　　うみ 바다　　　えき 역　　　おとな 어른

アイスクリーム 아이스크림　　インターネット 인터넷　　ウォン 원　　エアコン 에어컨　　ライオン 사자

か / カ 行

か	き	く	け	こ
カ	キ	ク	ケ	コ
[ka]	[ki]	[ku]	[ke]	[ko]

| <u>か</u>さ 우산 | <u>き</u> 나무 | <u>く</u>つ 신발 | <u>け</u>っこん 결혼 | <u>こ</u>ども 아이 |

| <u>カ</u>メラ 카메라 | ス<u>キ</u>ー 스키 | <u>ク</u>リスマス 크리스마스 | <u>ケ</u>ーキ 케이크 | <u>コ</u>ーラ 콜라 |

さ / サ 行

さ	し	す	せ	そ
サ	シ	ス	セ	ソ
[sa]	[si]	[su]	[se]	[so]

| <u>さ</u>くら 벚꽃 | <u>し</u>お 소금 | <u>す</u>し 초밥 | <u>せ</u>んたく 세탁 | <u>そ</u>うじ 청소 |

| <u>サ</u>ッカー 축구 | <u>シ</u>ャツ 셔츠 | <u>ス</u>ーパー 슈퍼 | <u>セ</u>ーター 스웨터 | パ<u>ソ</u>コン 컴퓨터 |

た / タ 행

た	ち	つ	て	と
タ	チ	ツ	テ	ト
[ta]	[ti]	[tu]	[te]	[to]

<u>た</u>まご 계란　<u>ち</u>かてつ 지하철　<u>つ</u>き 달　<u>て</u> 손　<u>と</u>けい 시계

<u>タ</u>クシー 택시　<u>チ</u>ーズ 치즈　バケ<u>ツ</u> 양동이　<u>テ</u>レビ 텔레비전　<u>ト</u>イレ 화장실

な / ナ 행

な	に	ぬ	ね	の
ナ	ニ	ヌ	ネ	ノ
[na]	[ni]	[nu]	[ne]	[no]

<u>な</u>まえ 이름　<u>に</u>く 고기　い<u>ぬ</u> 개　<u>ね</u>こ 고양이　<u>の</u>ど 목

バ<u>ナ</u>ナ 바나나　<u>ニ</u>ュース 뉴스　<u>ヌ</u>ードル 면　<u>ネ</u>クタイ 넥타이　<u>ノ</u>ート 노트

は/ハ행

は	ひ	ふ	へ	ほ
ハ	ヒ	フ	ヘ	ホ
[ha]	[hi]	[hu]	[he]	[ho]

は<u>な</u> 꽃　　<u>ひ</u>こうき 비행기　　<u>ふ</u>ね 배　　<u>へ</u>や 방　　<u>ほ</u>し 별

<u>ハ</u>ンカチ 손수건　コー<u>ヒ</u>ー 커피　<u>フ</u>ルート 플룻　<u>ヘ</u>ルメット 헬멧　<u>ホ</u>テル 호텔

ま/マ행

ま	み	む	め	も
マ	ミ	ム	メ	モ
[ma]	[mi]	[mu]	[me]	[mo]

<u>ま</u>ど 창문　　<u>みみ</u> 귀　　<u>む</u>し 벌레(곤충)　　<u>め</u> 눈　　<u>も</u>ち 떡

<u>マ</u>イク 마이크　<u>ミ</u>ルク 우유　ホー<u>ム</u>ステイ 홈스테이　<u>メ</u>ール 메일　<u>モ</u>ノレール 모노레일

や/ヤ행

や	ゆ	よ
ヤ	ユ	ヨ
[ya]	[yu]	[yo]

やま 산

ゆき 눈

よる 밤

タイヤ 타이어

ユニフォーム 유니폼

ヨット 요트

ら/ラ행

ら	り	る	れ	ろ
ラ	リ	ル	レ	ロ
[ra]	[ri]	[ru]	[re]	[ro]

とら 호랑이

りんご 사과

さる 원숭이

れいぞうこ 냉장고

ろうか 복도

ラジオ 라디오

リサイクル 재활용

ルビー 루비

レモン 레몬

ロボット 로봇

わ	を	ん
ワ	ヲ	ン
[wa]	[o]	[n]

<u>わ</u>たし 나　　水<u>を</u>飲む 물을 마시다　　か<u>ん</u>こく 한국　　<u>ワ</u>イン 와인　　ラーメ<u>ン</u> 라면

3 濁音 ^{だくおん} 탁음

청음의 자음 중 「か/カ」 「さ/サ」 「た/タ」 「は/ハ」 행 글자의 오른쪽 위에 「゛」를 붙여서 표기하며, 각각 [g], [z], [j], [d], [b] 발음을 한다.

が	ぎ	ぐ	げ	ご
ガ	ギ	グ	ゲ	ゴ
[ga]	[gi]	[gu]	[ge]	[go]

<u>が</u>くせい 학생　　<u>ぎ</u>んこう 은행　　か<u>ぐ</u> 가구　　<u>ゲ</u>ーム 게임　　<u>ゴ</u>リラ 고릴라

ざ/ザ행

ざ	じ	ず	ぜ	ぞ
ザ	ジ	ズ	ゼ	ゾ
[za]	[zi]	[zu]	[ze]	[zo]

ざっし 잡지　　ジーンズ 청바지　　みず 물　　ゼロ 숫자 0　　ぞう 코끼리

だ/ダ행

だ	ぢ	づ	で	ど
ダ	ヂ	ヅ	デ	ド
[da]	[zi]	[zu]	[de]	[do]

※ 「ぢ/ヂ」, 「づ/ヅ」는 「じ/ジ」, 「ず/ズ」의 음과 같다.

ダンス 댄스　　はなぢ 코피　　こづつみ 소포　　でんわ 전화　　ドア 문

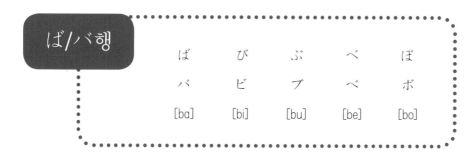

ば/バ행

ば	び	ぶ	べ	ぼ
バ	ビ	ブ	ベ	ボ
[ba]	[bi]	[bu]	[be]	[bo]

バラ 장미　　ビール 맥주　　ぶた 돼지　　ベンチ 벤치　　ぼうし 모자

4 半濁音 반탁음

청음의 자음 중 「は/ハ」행 문자 오른쪽 위에 「ﾟ」를 붙여서 표기하며, [p] 발음을 한다.

ぱ/パ행

ぱ	ぴ	ぷ	ぺ	ぽ
パ	ピ	プ	ペ	ポ
[pa]	[pi]	[pu]	[pe]	[po]

パン 빵　　ピアノ 피아노　　きっぷ 표　　ペン 펜　　さんぽ 산책

5 拗音 ^{ようおん} 요음

「き/キ」「ぎ/ギ」「し/シ」「じ/ジ」「ち/チ」「ぢ/ヂ」(특수한 단어만)「に/ニ」「ひ/ヒ」「び/ビ」「み/ミ」「り/リ」 뒤에, 작은 「ゃ/ャ」「ゅ/ュ」「ょ/ョ」를 표기하며 1 beat(1 음절)로 발음한다.

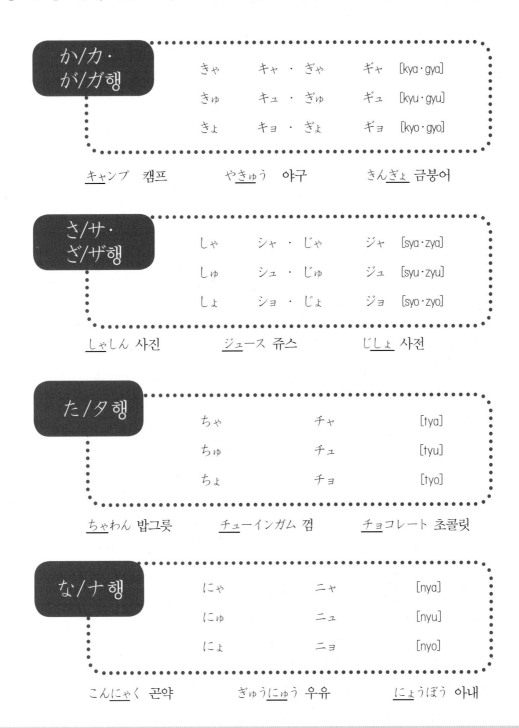

か/カ・
が/ガ행

きゃ	キャ ・ ぎゃ	ギャ	[kya・gya]
きゅ	キュ ・ ぎゅ	ギュ	[kyu・gyu]
きょ	キョ ・ ぎょ	ギョ	[kyo・gyo]

<u>キャ</u>ンプ 캠프　　　や<u>きゅ</u>う 야구　　　きん<u>ぎょ</u> 금붕어

さ/サ・
ざ/ザ행

しゃ	シャ ・ じゃ	ジャ	[sya・zya]
しゅ	シュ ・ じゅ	ジュ	[syu・zyu]
しょ	ショ ・ じょ	ジョ	[syo・zyo]

<u>しゃ</u>しん 사진　　　<u>ジュ</u>ース 쥬스　　　じ<u>しょ</u> 사전

た/タ행

ちゃ	チャ	[tya]
ちゅ	チュ	[tyu]
ちょ	チョ	[tyo]

<u>ちゃ</u>わん 밥그릇　　　<u>チュ</u>ーインガム 껌　　　<u>チョ</u>コレート 초콜릿

な/ナ행

にゃ	ニャ	[nya]
にゅ	ニュ	[nyu]
にょ	ニョ	[nyo]

こん<u>にゃ</u>く 곤약　　　ぎゅう<u>にゅ</u>う 우유　　　<u>にょ</u>うぼう 아내

は/ハ・ば/バ・ぱ/パ行

ひゃ	ヒャ ・	びゃ	ビャ ・	ぴゃ	ピャ	[hya・bya・pya]
ひゅ	ヒュ ・	びゅ	ビュ ・	ぴゅ	ピュ	[hyu・byu・pyu]
ひょ	ヒョ ・	びょ	ビョ ・	ぴょ	ピョ	[hyo・byo・pyo]

<u>ひゃ</u>くえん 100엔   コン<u>ピュ</u>ータ 컴퓨터   <u>びょ</u>ういん 병원

ま/マ行

みゃ	ミャ	[mya]
みゅ	ミュ	[myu]
みょ	ミョ	[myo]

<u>みゃ</u>く 맥   <u>ミュ</u>ージカル 뮤지컬   <u>みょ</u>うじ 성

ら/ラ行

りゃ	リャ	[rya]
りゅ	リュ	[ryu]
りょ	リョ	[ryo]

<u>りゃ</u>くず 약도   <u>りゅ</u>うがく 유학   <u>りょ</u>こう 여행

소리내어 읽어보자!

- びよういん (미용실) / びょういん (병원)
- ぞうきん (걸레) / じょうきん (상시근무)

6 促音 <ruby>促音<rt>そくおん</rt></ruby> 촉음

작은 「っ / ッ」로 표기하고, 촉음 뒤에는 「か / カ」 「さ / サ」 「た / タ」 「ぱ / パ」 행의 문자가 이어지는데, 그 자음을 발음하기 직전에 숨을 1 beat(1음절) 멈춘다.

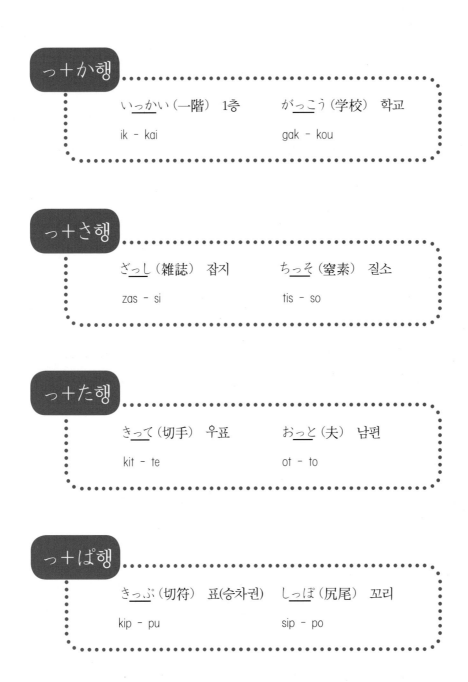

っ＋か행

いっかい（一階） 1층 　　　がっこう（学校） 학교
ik - kai 　　　　　　　　　gak - kou

っ＋さ행

ざっし（雑誌） 잡지 　　　ちっそ（窒素） 질소
zas - si 　　　　　　　　　tis - so

っ＋た행

きって（切手） 우표 　　　おっと（夫） 남편
kit - te 　　　　　　　　　ot - to

っ＋ぱ행

きっぷ（切符） 표(승차권) 　　しっぽ（尻尾） 꼬리
kip - pu 　　　　　　　　　sip - po

소리내어 읽어보자!

- じかん (시간) / じっかん (실감)
- いち (하나) / いっち (일치)
- きて ください (와주세요) / きって ください (잘라주세요)

7 撥音 발음

「ん/ン」으로 표기하고, 코로 소리를 통하게 하여 발음한다. 뒤에 오는 자음에 따라 발음이 변한다.

ん [ㅁ] ＋ば·ぱ·ま행문자

さんぽ (散歩) 산책

うんめい (運命) 운명

ん [ㄴ] ＋ざ·た·だ·な·ら행문자

せんたく (洗濯) 세탁

あんない (案内) 안내

れんらく (連絡) 연락

ん [ㅇ] ＋あ·か·が·さ·は·や행 / 단어의 끝에 「ん」이 오는 경우

れんあい (恋愛) 연애

りんご 사과

でんわ (電話) 전화

にほん (日本) 일본

소리내어 읽어보자!

- しあい (시합) / しんあい (친애)
- きねん (기념) / きんえん (금연)
- ごせんねん (5천년) / ごせんえん (5천엔)

8 長音 장음

<ruby>長音<rt>ちょうおん</rt></ruby>

같은 단의 모음이 연속으로 오는 경우에는 길게 늘여서 발음한다. 가타카나의 경우에는 「ー」으로 표기한다.

aa→あ단의 히라가나+あ   おかあさん   okaasan   어머니

     おばさん   obasan (아줌마)   －   おばあさん   obaasan   할머니

ii→ い단의 히라가나+い   おにいさん   oniisan   형/오빠

     おじさん   ojisan (아저씨)   －   おじいさん   oziisan   할아버지

uu→う단의 히라가나+う   すうがく   suugaku   수학

     くうき   kuuki   공기

ee→え단의 히라가나+え   おねえさん   oneesan   누나/언니

     え단의 히라가나+い   えいが   eiga   영화

oo→お단의 히라가나+お   おおさか   oosaka   오사카

     お단의 히라가나+う   おとうさん   otousan   아버지

소리내어 읽어보자!

- おばさん ／ おばあさん
- おじさん ／ おじいさん

9 조사인 「は」「へ」「を」는 특별하게 발음한다.

위의 문자가 조사로 사용될 때에 한해서 다음과 같이 발음한다.

これは <ruby>本<rt>ほん</rt></ruby> です。   [wa]   이것은 책입니다.

<ruby>日本<rt>にほん</rt></ruby>へ <ruby>行<rt>い</rt></ruby>きます。   [e]   일본에 갑니다.

コーヒーを <ruby>飲<rt>の</rt></ruby>みます。   [o]   커피를 마십니다.

컴퓨터 / 스마트폰에 문자를 입력해보자!

알파벳으로 일본어의 여러 단어를 입력해보자! (밑에 알파벳은 자판 치는 순서)

예:「とうきょう」 「がっこう」 「せんせい」 「コーヒー」

to u kyo u ga k ko u se nn se I ko-(장음 기호) hi-(장음 기호)

일본의 텅트위스터(발음 연습문장)다. 소리내어 읽어보자!

◎ 生麦生米生卵 (なまむぎなまごめなまたまご)

생보리 생쌀 생달걀

◎ バスガス爆発 (ばすがすばくはつ)

버스 가스 폭발

◎ 東京都特許許可局 (とうきょうととっきょきょかきょく)

도쿄도 특허 허가국

● や행문자나 わ행문자에는 왜 い단문자나 え단문자가 없나요?

원래, や행문자는 「や·い·ゆ·え·よ」, わ행문자는 「わ·ゐ·う·ゑ·お」로 일본어에는 50개의 기본 발음이 있었다. 지금은 や행의 「yi」 「ye」, わ행의 「wi」 「wu」 「we」 의 음은 사용하는 일이 없기 때문에, 1946년에 현대 가나 사용법이 도입되면서부터 や행의 い·え단, わ행의 い·う·え단에는, あ행과 같은 「い」 「う」 「え」를 놓거나 공백으로 한다. 즉, 현재는 45개 음에 「ん」을 추가하여 46자를 일상에서 사용하는 기본발음으로 하는 것이 일반적이다. 지금은 없어져 버린 음이지만, や행, わ행에는 각각 「y」 「w」가 자음으로 있기 때문에, 옛날 일본어에서는 한국어의 이중모음과 같은 「イェ」나 「ウィ」 「ウェ」 음이 있었다고 추측된다.

あいさつの<ruby>表現<rt>ひょうげん</rt></ruby>
인사표현

- おはようございます。 / おはよう。　안녕하세요. 〈아침인사〉

  こんにちは。　안녕하세요. 〈낮인사, 평상시 인사〉

  こんばんは。　안녕하세요. 〈저녁인사〉

- さようなら。　안녕히 가세요.

  　　　　　　안녕히 계세요.

  バイバイ。　바이바이.

  では、また。　그럼 또(~만나 / ~봐요).

  じゃあね。　안녕.

● おやすみなさい。 안녕히 주무세요.
　おやすみ。 잘 자.

● いただきます。 잘 먹겠습니다.
　ごちそうさまでした。 잘 먹었습니다.

● おめでとうございます。 축하합니다.
　おめでとう。 축하해.
　ありがとうございます。 감사합니다.
　ありがとう。 고마워.

● いってきます。　다녀오겠습니다.
　いってらっしゃい。　잘 갔다와요. / 잘 갔다와.

● ただいま。　다녀왔습니다.
　おかえりなさい。　어서 오세요. / 어서 와.

● ごめんください。　실례합니다.
　いらっしゃい。　어서 오세요.

● すみません。 미안합니다.
　ごめんなさい。 미안합니다.

● すみません。
　1) =미안합니다.

　2) =감사합니다.

　3) =실례합니다.

わたしは学生です。
나는 학생입니다.

【상황1】 김씨와 나카이씨는 국제 교류회 파티에서 처음 만났다.

キム　　はじめまして。

　　　　キム　ユノです。

中井　　はじめまして。

　　　　中井　理沙です。

　　　　キムさんは　学生ですか。

キム　　はい、そうです。東西大学の　留学生です。

　　　　中井さんは　学生ですか。

中井　　いいえ、ちがいます。

　　　　わたしは　学生じゃ　ありません。会社員です。

　　　　どうぞ　よろしく　おねがいします。

- -

● 새로운 단어 ●

はじめまして　처음 뵙겠습니다.　/　どうぞよろしくおねがいします　잘 부탁합니다.

● 한국어 번역 ●

김 .... 처음 뵙겠습니다. 김윤호입니다.

나카이 .... 처음 뵙겠습니다. 나카이 리사입니다. 김 씨는 학생입니까?

김 .... 네, 그렇습니다. 동서대학교 유학생입니다. 나카이씨는 학생입니까?

나카이 .... 아니요, 아닙니다. 저는 학생이 아닙니다. 회사원입니다. 잘 부탁합니다.

1 〜は 〜です 〈~은/는 ~입니다〉

① 〔名詞1〕 は 〔名詞2〕 です。

〔명사1〕 는 〔명사2〕 입니다.

예 : 佐藤さんは 日本人です。

사토 씨는 일본인입니다.

② 〔名詞1〕 は 〔名詞2〕 ですか。♪

〔명사1〕 는 〔명사2〕 입니까?

예 : パクさんは 学生ですか。

박 씨는 학생입니까?

③ はい、そうです。〔名詞2〕 です。

네, 그렇습니다. 〔명사2〕 입니다.

예 : はい、そうです。学生です。

네, 그렇습니다. 학생입니다.

④ いいえ、ちがいます。〔名詞2〕 じゃ(では) ありません。

아니요, 아닙니다. 〔명사2〕 가 아닙니다.

예 : いいえ、ちがいます。学生じゃ ありません。会社員です。

아니요, 아닙니다. 학생이 아닙니다. 회사원입니다.

1 인칭대명사

1 인칭   わたし(남/여)   ぼく(남)

2 인칭   あなた

3 인칭   彼(かれ)   彼女(かのじょ)   鈴木(すずき)さん   パクさん   *〜ちゃん / 〜君(くん)

2 나라와 국적

韓国(かんこく)   韓国人(かんこくじん)

한국   한국인

日本(にほん)   日本人(にほんじん)

일본   일본인

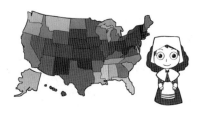

アメリカ   アメリカ人(じん)

미국   미국인

中国(ちゅうごく)   中国人(ちゅうごくじん)

중국   중국인

ベトナム   ベトナム人(じん)

베트남   베트남인

オーストラリア　オーストラリア人

오스트레일리아　　오스트레일리아인

イギリス　イギリス人

영국　　영국인

フランス　フランス人

프랑스　　프랑스인

ドイツ　ドイツ人

독일　　독일인

ロシア　ロシア人

러시아　　러시아인

インド　インド人

인도　　인도인

カナダ　カナダ人

캐나다　　캐나다인

ブラジル　ブラジル人

브라질　　브라질인

がくせい
学生

학생

だいがくせい
大学生

대학생

こうこうせい
高校生

고등학생

りゅうがくせい
留学生

유학생

せんせい
先生

선생님

かいしゃいん
会社員

회사원

しゅふ
主婦

주부

こうむいん
公務員

공무원

デザイナー

디자이너

かしゅ
歌手

가수

いしゃ
医者

의사

べんごし
弁護士

변호사

けいさつかん
警察官

경찰관

フリーター

프리터(프리 아르바이터)

ちゅうがくせい
中学生

중학생

しょうがくせい
小学生

초등학생

1 아래 대화의 (   ) 에 적당한 단어를 넣어, 대화해보자.

A : はじめまして。

　　（　　　　　） です。

B : はじめまして。

　　（　　　　　） です。

　　（　　　　　） さんは （　　　　　） ですか。

A : はい、そうです。 わたしは （　　　　　） です。

　　（　　　　　） さんは （　　　　　） ですか。

B : いいえ、ちがいます。

　　わたしは （　　　　　） じゃ ありません。

　　（　　　　　） です。

　　どうぞ よろしく おねがいします。

①
A : イ スニ(여) ・ 大学生_{だいがくせい}
B : 田中 隆_{たなかたかし} (남) ・ 先生_{せんせい}

②
A : カン ミンス(남) ・ 韓国人_{かんこくじん}
B : 王美林_{おうびりん} (여) ・ 中国人_{ちゅうごくじん}

③
A : 自分_{じぶん} (자기)
B : 友_{とも}だち (친구)

memo

【상황2】 노무라 선생님이 김 씨를 세미나 멤버들에게 소개하고 있다.

野村（の むら）　みなさん。留学生（りゅうがくせい）の　キムさんを　紹介（しょうかい）します。

キム　　こんにちは。

　　　　キム　ユノと　もうします。

　　　　韓国（かんこく）から　来（き）ました。

　　　　国際学部（こくさいがくぶ）の　留学生（りゅうがくせい）で、２年生（に ねんせい）です。

　　　　趣味（しゅ み）は　スポーツです。

　　　　どうぞ　よろしく　おねがいします。

【상황3】 김 씨는 아르바이트에서 마쓰다 씨를 만났다.

キム　　キム　ユノです。

　　　　韓国（かんこく）から　来（き）た　留学生（りゅうがくせい）です。

　　　　よろしく　おねがいします。

松田（まつ だ）　松田（まつ だ）と　いいます。

　　　　こちらこそ　よろしく。

● 새로운 단어 ●

みなさん 여러분 / 紹介（しょうかい）します 소개합니다 / ～ともうします ~라고 합니다 / 国際学部（こくさいがくぶ） 국제학부 / ２年生（に ねんせい） 2학년 /
趣味（しゅ み） 취미 / ～といいます ~라고 합니다 / こちらこそ 저야말로　　※（１年生（いちねんせい） 1학년 / ３年生（さんねんせい） 3학년 / ４年生（よねんせい） 4학년)

● 한국어 번역 ●

노무라 ...... 여러분, 유학생 김씨를 소개합니다.

김 .... 안녕하세요. 김윤호라고 합니다. 한국에서

　　　　　　 왔습니다. 국제학부 유학생이고, 2학년입니다.

　　　　　　 취미는 스포츠입니다. 잘 부탁합니다.

김 .... 김윤호입니다.

　　　　　　 한국에서 온 유학생입니다.

　　　　　　 잘 부탁합니다.

마쓰다 .... 마쓰다입니다. 저야말로, 잘 부탁해요.

1 ～で、～ 〈~이고,~며〉

〔名詞〕で、～

〔명사〕이고 ～

예 : 佐藤さんは 日本人で、学生です。

사토 씨는 일본인이고, 학생입니다.

2 자신의 출신지를 말할 때 쓰는 표현

キム ユノです。韓国から 来ました。

김윤호입니다. 한국에서 왔습니다.

韓国から 来た キム ユノです。

한국에서 온 김윤호입니다.

3 조사 I

① の (~의) 〔설명·소속〕

東西大学の 学生ですか。

동서대학(의) 학생입니까?

キムさんの かばんです。

김 씨(의) 가방입니다.

※ 〔사람〕のです。－ 소유의 「の」는 뒤에 오는 명사를 생략할 수가 있다.

キムさんの かばんです。 ＝ キムさんのです。

김 씨(의) 가방입니다. ＝ 김 씨의 것입니다.

② の (~인) 〔동격〕

友だちの イさんです。(友だち＝イさん)

친구(~인) 이 씨입니다. (친구 ＝ 이 씨)

1 취미

りょこう
旅行

여행

どくしょ
読書

독서

スポーツ

스포츠

ドライブ

드라이브

えいが
映画

영화

おんがくかんしょう
音楽鑑賞

음악감상

ネット

인터넷

ゲーム

게임

カラオケ

노래방

しゃしん
写真

사진

ダンス

댄스

やまのぼ
山登り

등산

1 아래 회화의 (　　　) 에 적당한 단어를 넣어, 자기소개를 해보자.

こんにちは。

（　　　）です。

（　　　）人です。

（　　　）です。

わたし/ぼくの　趣味は（　　　）です。

どうぞ　よろしく　おねがいします。

①	②	③
パクミリ (여)・韓国人 医者・ドライブ	太田 卓也 (남)・日本人 公務員・旅行	自分(자기)

1 국적, 직업 (대학 이름·학과 이름·학년 등) , 취미 등으로, 친구들과 자기소개를 하는 대화를 해보자.

2 국적, 직업 (대학 이름·학과 이름·학년 등) , 취미 등으로, 자기소개를 해보자.

これは何ですか。
이것은 무엇입니까?

【상황1】 김 씨는 편의점 아르바이트에서 모르는 것을 마쓰다 씨에게 묻고 있다.

キム　　松田さん、これは　何ですか。

松田　　それは　チューハイです。

キム　　ああ、これが　チューハイですか。

　　　　じゃ、ビールは　どれですか。

松田　　ビールは　その　となりです。

キム　　これは　日本の　ビールですか。

松田　　いいえ、それは　ドイツのです。

● 새로운 단어 ●

チューハイ 츄하이　/　**じゃ** 그럼　/　**ビール** 맥주　/　**となり** 옆

● 한국어 번역 ●

김 .... 마쓰다 씨, 이것은 무엇입니까?

마쓰다 .... 그것은 츄하이입니다.

김 .... 아, 이것이 츄하이입니까?

　　　　　　　그럼 맥주는 어느 것입니까?

마쓰다 .... 맥주는 그 옆의 것입니다.

김 .... 이것은 일본 맥주입니까?

마쓰다 .... 아니요, 그것은 독일 것입니다.

1 こ·そ·あ·ど Ⅰ

	こ	そ	あ	ど
사물	これ	それ	あれ	どれ
	이것	그것	저것	어느 것
사물·사람	この+名詞	その+名詞	あの+名詞	どの+名詞
	이 + 명사	그 + 명사	저 + 명사	어느 + 명사

① これ / それ / あれ は〔名詞(事物)〕です。

　　이것 / 그것 / 저것은　〔명사(사물)〕입니다.

　　예: これは 何 ですか。　　→　　　それは コーヒーです。

　　　　이것은 무엇입니까?　　→　　　그것은 커피입니다.

　　　　それは 何 ですか。　　→　　　これは 日本語の 辞書です。

　　　　그것은 무엇입니까?　　→　　　이것은 일본어 사전입니다.

　　　　あれは 何 ですか。　　→　　　あれは 教会です。

　　　　저것은 무엇입니까?　　→　　　저것은 교회입니다.

　　　　阿部さんの 傘は どれですか。　→　　それです。 / その 赤いのです。

　　　　아베 씨의 우산은 어느 것입니까?　→　　그것입니다. / 그 빨간 것입니다.

② この / その / あの〔名詞1(物/人)〕は 〔名詞2〕です。

　　이 / 그 / 저〔명사1(사물/사람)〕은 〔명사2〕입니다.

　　예: この りんごは いくらですか。 이 사과는 얼마입니까?

　　　　その ケータイは 山田さんのです。 그 휴대전화는 야마다 씨 것입니다.

　　　　あの 人が わたしの 先生です。 저 사람이 제 선생님입니다.

　　　　イさんは どの 人ですか。 이 씨는 어느 분입니까?

2 ～は 何^{なん}ですか 〈 ~은/는 무엇입니까?〉

〔名詞〕は 〔疑問詞(何)〕ですか。♪

〔명사〕는 〔의문사(무엇)〕입니까?

예 : それは 何^{なん} ですか。　그것은 무엇입니까?

　　趣味^{しゅみ}は 何^{なん} ですか。　취미는 무엇입니까?

3 조사 II

① は (～는/은)　わたしは 学生^{がくせい}です。

저는 학생입니다.

② が (～가/이)　わたしが 学生^{がくせい}です。

제가 학생입니다.

● 일본의 붕어빵은 '붕어'가 아니라 '도미'

다이야키(たい焼き)는 붕어빵과 비슷한데, 생선 도미 모양을 하고 있다. 어떤 사물을 다른 비슷한 것으로 대신해서 표현한 것을 일본에서는 '미타테(見立て)'라고 합니다. 이는 일반적으로 전통예술에서 일상생활에까지 많은 분야에서 볼 수 있는 취향입니다.

그렇다면 왜 이 많은 생선 중에서 도미를 택했는가 하면, 일본에서는 결혼식이나 아이의 탄생, 입학 등, 경사스러운 때에는 반드시 오카시라쓰키(尾頭付き)※를 먹는 풍습이 있어서입니다. 즉 일본에서 도미는 길한 존재이며 행복의 상징입니다. 때문에 도미 모양으로 한 것입니다.

※ 오카시라쓰키(尾頭付き): 꼬리와 머리가 붙은 채로 구운 생선

1 교실 안

机 _{つくえ} 책상	ドア 문	黒板 _{こくばん} 칠판	時計 _{とけい} 시계
窓 _{まど} 창문	いす 의자	ケータイ 휴대전화	消しゴム _け 지우개
パソコン 컴퓨터	かばん 가방	教科書 _{きょうかしょ} 교과서	ノート 노트
辞書 _{じしょ} 사전	えんぴつ 연필	ボールペン 볼펜	

연습하자

1 교실 안을 보면서 서로 손가락으로 가리키면서 질문을 하고, 물건 이름을 외우자.

① A : これは 何^{なん}ですか。

  B : それは （   ） です。

② A : それは 何^{なん}ですか。

  B : これは （   ） です。

③ A : あれは 何^{なん}ですか。

  B : あれは （   ） です。

memo

【상황2】 김 씨는 슈퍼에서 한국 붕어빵과 비슷한 것을 발견했다.

キム　　　　すみません、これは　日本語で　何ですか。

店員　　　　それは　鯛焼きです。

キム　　　　ああ、これが　日本の　鯛焼きですか。

　　　　　　じゃ、3つ　ください。いくらですか。

店員　　　　ありがとうございます。450円です。

【상황3】 나카이 씨는 근처 커피숍에 와서 휴식시간을 보냅니다.

店員　　　　いらっしゃいませ。

中井　　　　コーヒー、ひとつ　おねがいします。

　　　　　　それから　その　ケーキも　ください。

店員　　　　かしこまりました。

　　　　　　コーヒー　ひとつと　ケーキ　ひとつですね。

　　　　　　ぜんぶで　750円に　なります。

● 새로운 단어 ●

鯛焼き 도미 모양의 풀빵　 /　 店員 점원　 /　 いらっしゃいませ 어서오세요　 /　 それから 그리고, 그리고 나서　 /

かしこまりました 잘 알겠습니다　 /　 〜になります (금액이)~입니다

● 한국어 번역 ●

김 .... 실례합니다, 이것은 일본어로 무엇입니까?

점원 .... 그것은 다이야키입니다.

김 .... 아, 이것이 일본의 붕어빵입니까?

　　　　　　그럼 세 개 주세요. 얼마입니까?

점원 .... 감사합니다 450엔입니다.

점원 .... 어서오세요.

나카이 ...... 커피 한 잔 부탁합니다. 그리고 그 케이크도 주세요.

점원 .... 알겠습니다. 커피 한 잔과 케이크 한 조각이죠?

　　　　　　전부 다 해서 750엔입니다.

1 ～を ください 〈~을/를 주세요〉

〔名詞〕を ください。

〔명사〕를 주세요.

예 : キムチを ください。 김치를 주세요.

　　 その CDを ください。 그 CD를 주세요.

　＝ (～を) おねがいします。 (~를) 부탁합니다.

예 : ラーメンを ひとつ おねがいします。 라면을 하나 부탁합니다.

2 ～は いくらですか 〈~은/는 얼마입니까?〉

〔名詞〕　は 〔疑問詞(いくら)〕 ですか。 ♪

〔명사〕　는 〔의문사(얼마)〕 입니까?

예 : その くつは いくらですか。 그 신발은 얼마입니까?

3 조사 Ⅲ

① を (~을/를)　　その ノートを ください。
　　　　　　　　　그 노트를 주세요.

② も (~도)　　　パクさんは 学生です。 わたしも 学生です。
　　　　　　　　　박 씨는 학생입니다. 저도 학생입니다.

③ と (~과/와)　　パクさんと わたしは 学生です。
　　　　　　　　　박 씨와 저는 학생입니다.

④ で (~로/으로)　〔수단·방법〕
　　　　　　　　　日本語で 何ですか。 일본어로 무엇입니까?

⑤ で (~해서/~에)　〔조건·단위〕

　　　　　　　　　ぜんぶで いくらですか。 전부 다 해서 얼마입니까?

1 숫자

1 いち	10 じゅう	100 ひゃく	1000 せん	10000 いちまん
2 に	20 にじゅう	200 にひゃく	2000 にせん	20000 にまん
3 さん	30 さんじゅう	300 さんびゃく	3000 さんぜん	30000 さんまん
4 よん/し	40 よんじゅう	400 よんひゃく	4000 よんせん	40000 よんまん
5 ご	50 ごじゅう	500 ごひゃく	5000 ごせん	50000 ごまん
6 ろく	60 ろくじゅう	600 ろっぴゃく	6000 ろくせん	60000 ろくまん
7 なな/しち	70 ななじゅう	700 ななひゃく	7000 ななせん	70000 ななまん
8 はち	80 はちじゅう	800 はっぴゃく	8000 はっせん	80000 はちまん
9 きゅう/く	90 きゅうじゅう	900 きゅうひゃく	9000 きゅうせん	90000 きゅうまん

2 조수사 Ⅰ

ひと 一つ	ふた 二つ	みっ 三つ	よっ 四つ	いつ 五つ	むっ 六つ	なな 七つ	やっ 八つ	ここの 九つ	とお 十
한 개	두 개	세 개	네 개	다섯 개	여섯 개	일곱 개	여덟 개	아홉 개	열 개

3 전화번호를 말하는 때

03 - 5942 - 6817 (ぜろさん　の　ごきゅうよんに　の　ろくはちいちなな)

※「4」・「7」・「9」 발음

「4」와「7」은 보통「し」와「しち」라고 하는데, 전화번호를 말할 때는「4」는「よん」,「7」은「なな」라고 하는 것이 일반적이다. 또한「9」는「きゅう」라고도 한다.

연습하자

1 숫자를 읽어보자.

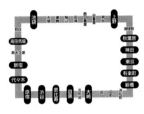

白鳳の体重
(스모 선수 하쿠호 체중)
↓
154Kg(キログラム)

富士山の高さ
(후지산 높이)
↓
3776m(メートル)

山手線の駅の数
(야마노테선역 수)
↓
29駅(えき)

2 과일가게에서 좋아하는 과일을 사보자.

예 A:(　　　) を (　　　)つ ください。

　　　いくらですか。

　　B:ぜんぶで (　　　) 円です。

りんご 사과　　みかん 귤　　なし 배　　ぶどう 포도　　もも 복숭아　　メロン 메론

1 학생식당에서 점심식사를 주문해보자. 친구 세 명이서 왔다. 친구 것도 주문해보자.

_{がくせい}
学生： すみません。

（　　　）を（　　　）つと（　　　）を（　　　）つ ください。

それから（　　　）も（　　　）つ おねがいします。

_{てんいん}
店員： はい。（　　　）、（　　　）つと（　　　）、（　　　）つ、

それから（　　　）、（　　　）つですね。

ぜんぶで（　　　）_{えん}円です。

ラーメン _{えん}450円	うどん _{えん}350円	そば _{えん}320円	_{ひが}日替わり_{ていしょく}定食 _{えん}580円
コーヒー _{えん}180円	ジュース _{えん}160円	_{どん}カツ丼 _{えん}500円	カレーライス _{えん}430円
サンドイッチ _{えん}250円	ハンバーガー _{えん}200円	コーラ _{えん}130円	_{ぎゅうにゅう}牛乳 _{えん}100円

* _{ひ が}日替わり _{ていしょく}定食　오늘의 메뉴 (매일 반찬이 바뀌는 정식)

03

<ruby>何時<rt>なんじ</rt></ruby>から<ruby>何時<rt>なんじ</rt></ruby>までですか。
몇 시부터 몇 시까지입니까?

【상황1】 김 씨는 노무라 선생님에게 시간을 물었다. 아르바이트하러 갈 시간이다.

キム　　<ruby>野村先生<rt>の むらせんせい</rt></ruby>、<ruby>今<rt>いま</rt></ruby> <ruby>何時<rt>なんじ</rt></ruby>ですか。

<ruby>野村<rt>の むら</rt></ruby>　　<ruby>4時<rt>よ じ</rt></ruby> <ruby>30 分<rt>さんじゅっぷん</rt></ruby>ですよ。 これから <ruby>授業<rt>じゅぎょう</rt></ruby>ですか。

キム　　いいえ、アルバイトです。

<ruby>野村<rt>の むら</rt></ruby>　　<ruby>何<rt>なん</rt></ruby>の アルバイトですか。

キム　　コンビニの <ruby>店員<rt>てんいん</rt></ruby>です。

<ruby>野村<rt>の むら</rt></ruby>　　そうですか。 <ruby>何時<rt>なんじ</rt></ruby>から <ruby>何時<rt>なんじ</rt></ruby>までですか。

キム　　きょうは <ruby>5時<rt>ご じ</rt></ruby>から <ruby>10時<rt>じゅう じ</rt></ruby>までです。

<ruby>野村<rt>の むら</rt></ruby>　　それは たいへんですね。

● 새로운 단어 ●

<ruby>今<rt>いま</rt></ruby> 지금 / <ruby>何時<rt>なんじ</rt></ruby> 몇 시 / これから 이제부터, 앞으로 / <ruby>授業<rt>じゅぎょう</rt></ruby> 수업 / アルバイト 아르바이트 / コンビニ 편의점 /

たいへんですね 힘들겠네요, 큰일입니다

● 한국어 번역 ●

김 .... 노무라 선생님, 지금 몇 시입니까?

노무라 .... 4시 30분이에요. 이제부터 수업인가요?

김 .... 아니요, 아르바이트입니다.

노무라 .... 무슨 아르바이트입니까?

김 .... 편의점 점원입니다.

노무라 .... 그렇습니까. 몇 시부터 몇 시까지입니까?

김 .... 오늘은 5시부터 10시까지입니다.

노무라 .... 그것 힘들겠네요.

1 ～から ～まで〈 ~부터/에서 ~까지 〉

〔名詞1〕　　から　〔名詞2〕まで

〔명사1〕　부터(에서)　〔명사2〕까지

「から」는 시간·장소의 시작, 시발점을 가리키며,「まで」는 끝, 종착점을 가리킨다.

예 : 仕事は　9時から　6時までです。

　　일은 9시부터 6시까지입니다.

　　ソウルから　東京まで　飛行機で　2時間です。

　　서울에서 도쿄까지 비행기로 2시간입니다.

2 수(날짜 및 시간, 나이, 개수 등)에 대해 물어볼 때

숫자 대답을 요구할 때 → 「何」는 「なん」이라고 발음한다.

예 : 今、何時ですか。　지금 몇 시입니까?

　　試験は　何日からですか。　시험은 몇 일부터입니까?

　　佐藤さんは　何さいですか。　사토 씨는 몇 살입니까?

　　キムさんは　何年生ですか。　김 씨는 몇 학년입니까?

　　ケーキは　何個ですか。　케이크는 몇 개입니까?

3 조사 IV

① から (부터) 　きのうから 試験(しけん)です.

어제부터 시험입니다.

東京(とうきょう)から 来(き)ました.

도쿄에서 왔습니다.

② まで (까지) 　あしたまで 休(やす)みです.

내일까지 휴무입니다.

③ で (에서) 〔장소〕 　図書館(としょかん)で 勉強(べんきょう)しました.

도서관에서 공부했습니다.

④ ～ね (~지? / ~지요?) 〔동의·확인〕 　きょうも いい 天気(てんき)ですね.

오늘도 날씨가 좋지요?

⑤ ～よ (~에요) 〔주장·명시〕 　ここが 教室(きょうしつ)ですよ.

여기가 교실이에요.

● 일본인 대학생이 좋아하는 아르바이트

일본 대학생은 아르바이트를 수시로 합니다. 최근 조사에 의하면, 여름방학이나 겨울방학 기간을 포함시키면 약 75%의 학생이 아르바이트를 하고 있다고 합니다. 대학생의 평균 시급은 950엔(도쿄 기준)입니다.

인기 업종은 개인이 경영하는 이자카야, 가정교사, 카페(체인점)라고 합니다. 개인이 경영하는 이자카야는 '마카나이' ※가 포함되어 있어 자취생에게는 도움이 됩니다. 가정교사는 시급이 높고, 카페는 깔끔해서일까요. 편의점 아르바이트는 시급도 싸고 일도 힘들어서 인기가 별로 없는 것 같습니다.

※ 마카나이(まかない): 요리사들이 자신들이 먹기 위해 만든 식사.

외우자!

1 시간

(1) 〔숫자〕 時 (시)

1時(いちじ)	2時(にじ)	3時(さんじ)	4時(よじ)	5時(ごじ)	6時(ろくじ)
7時(しちじ)	8時(はちじ)	9時(くじ)	10時(じゅうじ)	11時(じゅういちじ)	12時(じゅうにじ)

午前 / 午後　　오전 / 오후

(2) 〔숫자〕 分 (분)

1分	2分	3分	4分	5分	6分
いっぷん	にふん	さんぷん	よんぷん	ごふん	ろっぷん
7分	8分	9分	10分	15分	20分
ななふん	はちふん (はっぷん)	きゅうふん	じゅっぷん	じゅうごふん	にじゅっぷん
30分	45分	50分	55分	半	何分
さんじゅっぷん	よんじゅうごふん	ごじゅっぷん	ごじゅうごふん	はん	なんぷん

2 아침·낮·저녁·밤

朝

아침

昼

낮

夕方

저녁

夜

밤

1 시간을 말해보자.

예 A : すみません。今 何時ですか。

B : (   ) 時 (   ) 分 です。

① `06:45`   ② `09:01`   ③ `12:30`

④ `04:28`   ⑤ `08:15`   ⑥ `10:57`

2 하루 스케줄의 시간을 일본어로 말해보자.

※ 하루 스케줄

① 수업 (초급 일본어)   09 : 00~11 : 00

② 수업 (영어회화)   11 : 00~12 : 00

③ こうた와 점심식사   12 : 15

④ 치과 진료 예약   14 : 30

⑤ 일본어 학원   16 : 00~18 : 00

⑥ 아르바이트 (편의점)   19 : 30~22 : 30

【장면2】 나카이 씨와 김 씨는 상대방 생일을 물어보고 있다.

中井　　キムさんの　誕生日は　いつですか。

キム　　　わたしの　誕生日は　9月　4日です。

　　　　　中井さんは?

中井　　わたしは　春で、4月　20日です。

【장면3】 즐거운 여름방학이 다가왔다.

中井　　キムさん、大学の　夏休みは　いつからですか。

キム　　　7月末から　2ヶ月ぐらいです。

　　　　　中井さんの　会社は?

中井　　去年は　1週間でした。

　　　　　でも　今年は　今週の　土曜日から　来週の

　　　　　水曜日までです。

キム　　　あさってから　5日間だけですか!

● 새로운 단어 ●

誕生日 생일　/　夏休み 여름방학　/　くらい(ぐらい) 정도　/　でも 그렇지만　/　だけ 뿐, 만

● 한국어 번역 ●

나카이 ...... 김 씨의 생일은 언제입니까?

김 .... 제 생일은 9월 4일입니다. 나카이 씨는요?

나카이 ...... 저는 봄이고, 4월 20일입니다.

나카이 ...... 김 씨, 대학의 여름방학은 언제부터입니까?

김 .... 7월말부터, 2개월 정도 입니다. 나카이 씨 회사요?

나카이 ...... 작년에는 1주일이었습니다. 그렇지만 올해는 이번 주
　　　　　　토요일부터 다음 주 수요일까지입니다.

김 .... 모레부터 5일 뿐입니까!

1 ～は いつですか 〈 ~은/는 언제입니까 〉

〔名詞〕 は 〔疑問詞(いつ)〕 ですか。 ♪

〔명사〕 는 〔의문사(언제)〕 입니까?

예 : 英語の 試験は いつですか。 영어 시험은 언제입니까?

2 ～でした 〈 ~이었습니다. 〉

〔名詞〕 でした。 / じゃ ありませんでした。

〔명사〕 이었습니다. / 가 아니었습니다.

예 : 去年 わたしは 高校生でした。 작년에 저는 고등학생이었습니다.

きのうは 休みじゃ ありませんでした。 어제는 방학이 아니었습니다.

외우자!

1 월·일·요일

(1) 〔숫자〕月 (월)

1月 いちがつ	2月 にがつ	3月 さんがつ	4月 しがつ	5月 ごがつ	6月 ろくがつ
7月 しちがつ	8月 はちがつ	9月 くがつ	10月 じゅうがつ	11月 じゅういちがつ	12月 じゅうにがつ

(2) 〔일~토〕曜日 (요일)

(3) 〔숫자〕日 (일)

にちようび **日曜日**	げつようび **月曜日**	かようび **火曜日**	すいようび **水曜日**	もくようび **木曜日**	きんようび **金曜日**	どようび **土曜日**
	1日 ついたち	2日 ふつか	3日 みっか	4日 よっか	5日 いつか	6日 むいか
7日 なのか	8日 ようか	9日 ここのか	10日 とおか	11日 じゅういちにち	12日 じゅうににち	13日 じゅうさんにち
14日 じゅうよっか	15日 じゅうごにち	16日 じゅうろくにち	17日 じゅうしちにち	18日 じゅうはちにち	19日 じゅうくにち	20日 はつか
21日 にじゅういちにち	22日 にじゅうににち	23日 にじゅうさんにち	24日 にじゅうよっか	25日 にじゅうごにち	26日 にじゅうろくにち	27日 にじゅうしちにち
28日 にじゅうはちにち	29日 にじゅうくにち	30日 さんじゅうにち	31日 さんじゅういちにち			

2 계절

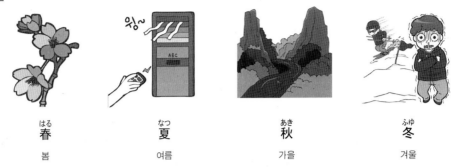

<ruby>春<rt>はる</rt></ruby>	<ruby>夏<rt>なつ</rt></ruby>	<ruby>秋<rt>あき</rt></ruby>	<ruby>冬<rt>ふゆ</rt></ruby>
봄	여름	가을	겨울

3 어제·오늘·내일

おととい 그저께	きのう 어제	きょう 오늘	あした 내일	あさって 모레
	せんしゅう 先週 지난 주	こんしゅう 今週 이번 주	らいしゅう 来週 다음 주	
	せんげつ 先月 지난 달	こんげつ 今月 이번 달	らいげつ 来月 다음 달	
	きょねん 去年 작년	ことし 今年 올해	らいねん 来年 내년	

まい 毎〜 매〜	まいとし 毎年 매년	まいつき 毎月 매월	まいしゅう 毎週 매주	まいにち 毎日 매일
まつ 〜末 〜말	ねんまつ 年末 연말	げつまつ 月末 월말	しゅうまつ 週末 주말	

4 기간

なんにち かん 何日(間) 며칠 (간)	なんしゅうかん 何週間 몇 주간	なん げつ かん 何か月(間) 몇 월(간)	なんねん かん 何年(間) 몇 년(간)
いちにち 1日 일일	いっしゅうかん 1週間 일주일간	いっ げつかん ひと つき 1か月(間)/ひと月 일 개월(간)/한달	いちねん かん 1年(間) 일 년(간)
ふつか かん 2日(間) 이 일(간)	にしゅうかん 2週間 이 주일간	に げつ かん 2か月(間) 이 개월(간)	にねん かん 2年(間) 이년(간)

1 날짜와 요일을 말해보자.

① きょうは 何月何日 何曜日ですか。
② あしたは 何月何日 何曜日ですか。
③ きのうは 何月何日 何曜日でしたか。
④ あさっては 何月何日 何曜日ですか。
⑤ おとといは 何月何日 何曜日でしたか。

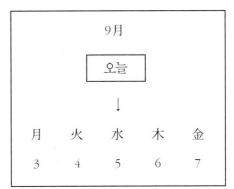

9月

오늘

↓

月	火	水	木	金
3	4	5	6	7

더 연습하자

1 예정표를 보고 스케줄을 말해보자.

4月

日	月	火	水	木	金	土
27	28	29	30	31	1	2 아르바이트
3	4 대학 요가 데이트♥	5 대학	6	⑦ 오늘 대학	8 대학 헤어샵	9
10 토익✏	11 대학 요가	12 대학	13 ✦ 마오 생일	14 대학	15 대학	16 아르바이트
17 데이트♥	18 ← 대학 요가	19 대학	20 중간고사	21 대학	22 대학 →	23 ← 🚗 가족여행
24 🚗 → 가족여행	25 대학 요가	26 대학	27	28 대학	29 대학	30 아르바이트

04

お酒をよく飲みますか。
술을 자주 마십니까?

【장면1】 나카이 씨와 김 씨는 술에 관해서 이야기하고 있다.

中井　　キムさんは　お酒を　よく　飲みますか。

キム　　　ときどき　飲みます。

　　　　　中井さんは？

中井　　わたしは　あまり　飲みません。

　　　　　いつも　何を　飲みますか。

キム　　　ビールや　焼酎を　飲みます。

　　　　　きのうも　友だちと　いっしょに　居酒屋へ　行きました。

● 새로운 단어 ●

酒 술 / いつも 언제나 / 焼酎 소주 / 友だち 친구(들) / いっしょに 같이, 함께 / 居酒屋 선술집

● 한국어 번역 ●

나카이 .... 김 씨는 술을 자주 마십니까?

김 .... 가끔 마십니다.

　　　　　　　　나카이 씨는요?

나카이 .... 저는 별로 안 마십니다.

　　　　　　　　항상 무엇 마십니까?

김 .... 맥주나 소주를 마십니다.

　　　　　　　　어제도 친구들과 함께 이자카야(선술집)에 갔습니다.

1 동사 (동작·존재·작용 등을 나타낸다 / 기본형 어미 = **ウ**단문자)

Ⅰ그룹

• 기본형 어미가 「る」이외의 ウ단 문자인 모든 동사.

会う 만나다 / 行く 가다 / 話す 말하다 / 読む 읽다 / 遊ぶ 놀다……

• 기본형 어미가 「る」인 동사 중에 「る」 앞의 모음이 [ア] [ウ] [オ] 단 문자인 동사.

ある 있다 / 作る 만들다 / 乗る 타다……

• 예외

帰る 돌아가다 / 知る 알다 / 入る 들어가다 / 走る 달리다……

Ⅱ그룹

• 기본형 어미가 「る」인 동사 중에서 「る」 앞의 모음이 [イ] [エ] 단 문자인 동사.

起きる 일어나다, 기상하다 / 見る 보다 / 食べる 먹다 / 寝る 자다……

Ⅲ그룹

• 불규칙한 활용을 하는 동사.

する 하다 / 来る 오다

2 동사 **ます**형의 활용Ⅰ

ます형의 현재·미래

긍정　〜ます　　　　　(〜습니다)

부정　〜ません　　　　(〜지 않습니다)

Ⅰ그룹

어간＋어미 「イ段」＋ます ます형

あ 会う	만나다	あ 会い＋ます ＝ あ 会います	만납니다
い 行く	가다	い 行き＋ます ＝ い 行きます	갑니다
よ 読む	읽다	よ 読み＋ます ＝ よ 読みます	읽습니다
あそ 遊ぶ	놀다	あそ 遊び＋ます ＝ あそ 遊びます	놉니다
の 乗る	타다	の 乗り＋ます ＝ の 乗ります	탑니다
かえ 帰る	돌아가다	かえ 帰り＋ます ＝ かえ 帰ります	돌아갑니다

Ⅱ그룹

어간＋ます

み 見る	보다	み 見る＋ます ＝ み 見ます	봅니다
た 食べる	먹다	た 食べる＋ます ＝ た 食べます	먹습니다

Ⅲ그룹

する	하다	します　　합니다
く 来る	오다	き 来ます　　옵니다

3 부사 Ⅰ 〈빈도〉

よく・ときどき ＋ 〈긍정・부정문〉 / あまり・ぜんぜん ＋ 〈부정문〉

잘, 자주・가끔 　　　　　　　　　　 / 그다지, 별로・전혀

예：わたしは よく 日本の ドラマを 見ます。 저는 자주 일본 드라마를 봅니다.
　　鈴木さんは あまり スポーツを しません。 스즈키 씨는 그다지 스포츠를 안 합니다.

4 조사 Ⅴ

① や (나, 랑)　　　かばんの 中に 財布や ケータイが あります。

　　　　　　　　　가방 안에 지갑이랑 휴대전화가 있습니다.

외우자!

1 動詞活用Ⅰ 동사활용Ⅰ

	동사 기본형	Ⅰ Ⅱ Ⅲ	～ます 현재·미래 긍정	～ません 현재·미래 부정
01	あ 会う　　　만나다			
02	か 買う　　　사다			
03	うた 歌う　　　노래하다			
04	い 行く　　　가다			
05	か 書く　　　쓰다			
06	き 聞く　　　듣다			
07	およ 泳ぐ　　　수영하다			
08	はな 話す　　　말하다			
09	ま 待つ　　　기다리다			
10	し 死ぬ　　　죽다			
11	あそ 遊ぶ　　　놀다			
12	よ 読む　　　읽다			
13	の 飲む　　　마시다			
14	やす 休む　　　쉬다			

15	作る つく	만들다			
16	撮る と	찍다			
17	乗る の	타다			
18	*ある	있다			
19	帰る かえ	돌아가다			
20	見る み	보다			
21	食べる た	먹다			
22	着る き	입다			
23	起きる お	일어나다			
24	寝る ね	자다			
25	教える おし	가르치다			
26	*いる	있다			
27	勉強する べんきょう	공부하다			
28	来る く	오다			

※ Ⅰ그룹 01~19 / Ⅱ그룹 20~26 / Ⅲ그룹 27·28

연습하자

1 예와 같이 문장을 만들어서 이야기해보자.

예 : きょう大学へ行く/はい/いいえ
A : きょう大学へ行きますか。
B : はい、行きます。
　　いいえ、行きません。

① 友だちに会う/はい/いいえ

② コーヒーを飲む/はい/いいえ

③ バスに乗る/はい/いいえ

④ 先生と話す/はい/いいえ

⑤ テレビを見る/はい/いいえ

⑥ 英語を勉強する/はい/いいえ

【상황2】 김 씨가 마쓰다 씨에게 지난 주말 일을 묻고 있다.

キム　　松田さん、週末は 何を しましたか。

松田　　友だちと 映画を 見ました。

キム　　それから?

松田　　クラブに 行きました。
　　　　そして お酒も 飲みました。
　　　　たくさん 遊びましたから 疲れました。

【상황3】 김 씨는 아르바이트에 10분 늦어버렸다.

松田　　キムさん、10分 遅刻ですよ。

キム　　すみません。
　　　　あした 試験が あるので 朝から 図書館に いました。
　　　　それで 時間が わかりませんでした。

● 새로운 단어 ●

クラブ 클럽 / **そして** 그리고 / **たくさん** 많이 / **疲れました** 지쳤습니다, 피곤했습니다 〈동사 **疲れる** 지치다, 피곤하다〉 /
遅刻 지각 / **試験** 시험 / **図書館** 도서관 / **それで** 그래서 / **わかりませんでした** 몰랐습니다 〈동사 **わかる** 알다〉

● 한국어 번역 ●

김 .... 마쓰다 씨, 주말에는 무엇을 했습니까?

마쓰다 .... 친구와 영화를 봤습니다.

김 .... 그리고요?

마쓰다 .... 클럽에 갔습니다. 그리고 술도 마셨습니다.
　　　　　　많이 놀아서, 지쳤습니다.

마쓰다 .... 김 씨, 10분 지각이에요.

김 .... 죄송합니다. 내일 시험이 있어서 아침부터 도서관
　　　　　　에 있었습니다.
　　　　　　그래서 시간을 몰랐습니다.

1 동사 ます형의 활용Ⅱ

ます형의 과거

긍정　〜ました　　　　（〜했습니다.）

부정　〜ませんでした　（〜지 않았습니다.）

2 〜から / 〜ので 〈원인, 이유〉

● 원인, 이유를 나타내는 「から」에는 주관적인 뉘앙스가 있다. 술어에 접속시켜 사용한다.

예 : 熱があるから、きょうは 会社を 休みました。

열이 있어서, 오늘은 회사를 쉬었습니다.

● 원인, 이유를 나타내는 「ので」에는 객관적 뉘앙스가 있다. 술어에 접속시켜 사용하나 문장 끝에는 오지 않는다.

예 : きょうは デモが あるので、車が 動きません。

오늘은 데모가 있어서 자동차가 다니지 않습니다.

3 조사Ⅵ

① へ (에, 로)　　　　あした、学校へ 行きます。

　　　　　　　　　　내일, 학교에 갑니다.

② に (에)　　　　　あした、学校に 行きます。

　　　　　　　　　　내일, 학교에 갑니다.

※ 「へ」와 「に」는 큰 차이가 없지만, 「へ」가 장소나 방향을 나타내지만, 「に」는 목적, 활동 등의 의미가 있는 경우에 쓴다.

③ に (에)　　　　　6時に 起きます。

　　　　　　　　　　6시에 일어납니다.

④ に (에게, 한테) 先生に 話します。

　　　　　　　　　　선생님한테 말합니다.

1 動詞活用Ⅱ 동사활용Ⅱ

	동사 기본형	Ⅰ Ⅱ Ⅲ	~ました 과거 긍정	~ませんでした 과거 부정
01	あ 会う　　　만나다			
02	か 買う　　　사다			
03	うた 歌う　　　노래하다			
04	い 行く　　　가다			
05	か 書く　　　쓰다			
06	き 聞く　　　듣다			
07	およ 泳ぐ　　　수영하다			
08	はな 話す　　　말하다			
09	ま 待つ　　　기다리다			
10	し 死ぬ　　　죽다			
11	あそ 遊ぶ　　　놀다			
12	よ 読む　　　읽다			
13	の 飲む　　　마시다			
14	やす 休む　　　쉬다			

15	作る (つく)	만들다			
16	撮る (と)	찍다			
17	乗る (の)	타다			
18	*ある	있다			
19	帰る (かえ)	돌아가다			
20	見る (み)	보다			
21	食べる (た)	먹다			
22	着る (き)	입다			
23	起きる (お)	일어나다			
24	寝る (ね)	자다			
25	教える (おし)	가르치다			
26	*いる	있다			
27	勉強する (べんきょう)	공부하다			
28	来る (く)	오다			

※ Ⅰ그룹 01~19 / Ⅱ그룹 20~26 / Ⅲ그룹 27·28

연습하자

1 예와 같이 문장을 만들어서 이야기해보자.

어제!

예：きのう大学へ行く/はい/いいえ

A：きのう大学へ行きましたか。

B：はい、行きました。

　　いいえ、行きませんでした。

① レポートを書く/はい/いいえ

② 友だちと遊ぶ/はい/いいえ

③ 料理を作る/はい/いいえ

④ 学校を休む/はい/いいえ

⑤ 昼ごはんを食べる/はい/いいえ

⑥ インターネットをする/
　　はい/いいえ

1 P62의 회화를 참고하여 친구들과 대화해보자.

　　─ 映画を 見る

　　　アクション ／ コメディ ／ ラブロマンス ／ ホラー ／ アニメ

　　─ 音楽を 聞く

　　　ロック ／ ジャズ ／ ポップス ／ ヒップポップ ／ クラシック

　　A：Bさんは （ 映画 ／ 音楽 ） を よく _____？

　　B：ときどき _____。　Aさんは?

　　A：わたしは あまり _____。

　　　Bさんは いつも 何を _____。

　　B：（　　　　）や （　　　　） を _____。

2 어제 한 일을 친구들에게 이야기해보자.

　예：7時に 起きました。→〈そして・それから〉→バスに 乗りました。→〈そして・それから〉

　　　→ アルバイトに 行きました。→〈そして・それから〉……

05

かいだん　した
階段の下にあります。
계단 밑에 있습니다.

【상황1】 김 씨는 백화점 3층에서 화장실을 찾고 있다.

キム	あのう、すみません。
	トイレは　どこに　ありますか。
てんいん 店員	あそこに　エレベーターが　ありますね。
	かいだん　　　　　　した その　となりが　階段です。その　下に　あります。
キム	かいだん　した 階段の　下ですか。
てんいん 店員	さんかい　　にかい はい、3階と　2階の　あいだに　あります。
キム	ありがとうございました。
てんいん 店員	いいえ。

- -

● 새로운 단어 ●

トイレ 화장실　/　**エレベーター** 엘리베이터　/　かいだん
階段 계단

● 한국어 번역 ●

김 .... 저, 실례합니다.

　　　　　　　화장실은 어디에 있습니까?

점원 .... 저기에 엘리베이터가 있죠.

　　　　　　　그 옆이 계단입니다. 그 밑에 있습니다.

김 .... 계단 밑입니까?

점원 .... 네, 3층과 2층 사이에 있습니다.

김 .... 감사합니다.

점원 .... 아닙니다.

1 こ・そ・あ・ど Ⅱ

	こ	そ	あ	ど
장소	ここ	そこ	あそこ	どこ
	여기	거기	저기	어디
방향 / 정중표현	こちら	そちら	あちら	どちら
	이쪽	그쪽	저쪽	어느 쪽

① ここ / そこ / あそこ は 〔名詞(場所)〕です.

여기 / 거기 / 저기는　　　〔명사(장소)〕입니다.

예 : ここは 教室です. 여기는 교실입니다.
きょうしつ

そこは 公園です. 거기는 공원입니다.
こうえん

あそこが わたしの 学校です. 저기가 제 학교입니다.
がっこう

図書館は どこですか. 도서관은 어디입니까?
としょかん

② こちら / そちら / あちら は 〔名詞(場所/人)〕です.

이쪽 / 그쪽 / 저쪽은　　　〔명사(장소/사람)〕입니다.

예 : (소개할 때) こちらが 高橋さんです. 이쪽이 다카하시 씨입니다.
たかはし

お客様は あちらです. 손님은 저쪽입니다.
きゃくさま

お国は どちらですか. 고향은 어디십니까? (어느 나라에서 오셨습니까?)
くに

2 ～は どこですか 〈 ~은/는 어디입니까?〉

〔名詞〕 は 〔疑問詞(どこ)〕ですか。 ♪

〔명사〕 는 〔의문사(어디)〕 입니까?

예 : キムさんの 家は どこですか。 김 씨 집은 어디입니까?

　　 地下鉄の 駅は どこに ありますか。 지하철역은 어디에 있습니까?

3 ～が あります・います 〈 ~이/가 있습니다.〉

① 〔名詞(事物)〕が あります。

〔명사(사물)〕가 있습니다.

예 : 電話が あります。 전화가 있습니다.

② 〔名詞(人/動物)〕が います。

〔명사(사람/동물)〕가 있습니다.

예 : 佐藤先生が います。 사토 선생님이 있습니다.

③ 〔名詞(場所)〕に 〔何/だれ〕が ありますか。/ いますか。 ♪

〔명사(장소)〕에 〔무엇/누구〕가 있습니까?

何も ありません。 / だれも いません。

아무것도 없습니다. / 아무도 없습니다.

예 : 机に 何が ありますか。電話が あります。/ 何も ありません。

　　 책상에 무엇이 있습니까? 전화가 있습니다. / 아무것도 없습니다.

　　 教室に だれが いますか。佐藤先生が います。/ だれも いません。

　　 교실에 누가 있습니까? 사토 선생님이 있습니다. / 아무도 없습니다.

외우자!

1 시설

駅
<small>えき</small>

역

学校
<small>がっこう</small>

학교

病院
<small>びょういん</small>

병원

教会
<small>きょうかい</small>

교회

銀行
<small>ぎんこう</small>

은행

郵便局
<small>ゆうびんきょく</small>

우체국

デパート

백화점

スーパー

슈퍼

ホテル

호텔

映画館
<small>えいがかん</small>

영화관

図書館
<small>としょかん</small>

도서관

コンビニ

편의점

1 학교에 있는 시설, 교실 안에 있는 물건이나, 사람·동물을 말해보자.

예 : パソコンが あります。
　　 先生が います。

【상황2】 김 씨는 횡단보도 앞에 있는 노무라 선생님을 발견했다.

キム　　　　あ！　あそこに　野村先生（のむらせんせい）が　いますね。

小林（こばやし）　　どこですか。

キム　　　　ほら、横断歩道（おうだんほどう）の　前（まえ）ですよ。

小林（こばやし）　　ああ、そうですね。

キム　　　　その　となりの　人（ひと）は　だれですか。

小林（こばやし）　　うーん、ぼくも　知（し）りません。

【장면3】 나카이 씨의 회사에서는 올해도 사원 채용 면접 시험이 시작되었다.

課長（かちょう）　　2時（にじ）から　会議室（かいぎしつ）で　面接（めんせつ）試験（しけん）が　あります。

　　　　　　今（いま）、そこに　学生（がくせい）が　5人（ごにん）　います。

　　　　　　ボールペン　5本（ごほん）と　紙（かみ）を　10枚（じゅうまい）ぐらい　ください。

中井（なかい）　　はい。準備（じゅんび）します。

● 새로운 단어 ●

横断歩道（おうだんほどう） 횡단보도 ／ **知（し）りません** 모릅니다 〈동사 **知（し）る** 알다〉 ／ **課長（かちょう）** 과장 ／ **会議室（かいぎしつ）** 회의실 ／ **面接（めんせつ）** 면접 ／

ボールペン 볼펜 ／ **紙（かみ）** 종이 ／ **準備（じゅんび）します** 준비합니다 〈동사 **準備（じゅんび）する** 준비하다〉

● 한국어 번역 ●

김 .... 아! 저기에 노무라 선생님이 계시네요.

고바야시 ..... 어디요?

김 .... 봐요, 횡단보도 앞에요.

고바야시 ..... 아, 그렇네요.

김 .... 그 옆에 있는 사람은 누구입니까?

고바야시 ..... 음, 저도 모르겠습니다.

과장 .... 2시부터 회의실에서 면접시험이 있습니다.

　　　　　　지금 거기에 학생이 5명 있습니다.

　　　　　　볼펜 5자루와 종이를 10장 정도 주세요.

나카이 .... 네. 준비하겠습니다.

1 ~は だれですか 〈 ~은/는 누구입니까? 〉

〔名詞〕 は 〔疑問詞(だれ/どなた)〕ですか。 🎵

〔명사〕 는 〔의문사(누구/어느 분)〕 입니까?

예 : 日本語の 先生は だれですか。 일본어 선생님이 누구입니까?

　　 山田さんの となりは どなたですか。

　　 야마다 씨 옆에 계시는 분은 어느 분이십니까?

2 위치어

上 위	下 아래	中 안	外 밖	前 앞
後ろ 뒤	右 오른쪽	左 왼쪽	間 사이	横 옆
となり 옆	そば 옆, 곁	ちかく 근처, 가까이	むかい 맞은편	

예 : 机の 上に 本が あります。 책상 위에 책이 있습니다.

　　 家の 外に 犬が います。 집 밖에 개가 있습니다.

　　 先生の 後ろに 学生が います。 선생님 뒤에 학생이 있습니다.

　　 デパートと 銀行の 間に 駐車場が あります。

　　 백화점과 은행 사이에 주차장이 있습니다.

　　 鈴木さんの となりに パクさんが います。

　　 스즈키 씨 옆에 박 씨가 있습니다.

1 조수사 II

	こ 〜個	にん 〜人	さつ 〜冊	ほん・ぼん・ぽん 〜本
1	いっこ	ひとり	いっさつ	いっぽん
2	にこ	ふたり	にさつ	にほん
3	さんこ	さんにん	さんさつ	さんぼん
4	よんこ	よにん	よんさつ	よんほん
5	ごこ	ごにん	ごさつ	ごほん
6	ろっこ	ろくにん	ろくさつ	ろっぽん
7	ななこ	ななにん	ななさつ	ななほん
8	はっこ	はちにん	はっさつ	はっぽん
9	きゅうこ	きゅうにん	きゅうさつ	きゅうほん
10	じゅっこ	じゅうにん	じゅっさつ	じゅっぽん
何	なんこ	なんにん	なんさつ	なんぼん

	まい 〜枚	だい 〜台	かい・がい 〜階	さい 〜才
1	いちまい	いちだい	いっかい	いっさい
2	にまい	にだい	にかい	にさい
3	さんまい	さんだい	さんがい	さんさい
4	よんまい	よんだい	よんかい	よんさい
5	ごまい	ごだい	ごかい	ごさい
6	ろくまい	ろくだい	ろっかい	ろくさい
7	ななまい	ななだい	ななかい	ななさい
8	はちまい	はちだい	はっかい	はっさい
9	きゅうまい	きゅうだい	きゅうかい	きゅうさい
10	じゅうまい	じゅうだい	じゅっかい	じゅっさい
何	なんまい	なんだい	なんかい	なんさい

1 그림을 보고, 예와 같이 문장을 만들어서 이야기해보자.

A : <ruby>花<rt>はな</rt></ruby>はどこにありますか。
B : <ruby>机<rt>つくえ</rt></ruby>の<ruby>上<rt>うえ</rt></ruby>にあります。

<ruby>花<rt>はな</rt></ruby>/<ruby>机<rt>つくえ</rt></ruby>

① ねこ/いす

② ケータイ/かばん

③ イさん/<ruby>先生<rt>せんせい</rt></ruby>

④ タクシー/ホテル

⑤ ラーメン<ruby>屋<rt>や</rt></ruby>/コンビニ・<ruby>本屋<rt>ほんや</rt></ruby>

⑤ <ruby>駅<rt>えき</rt></ruby>/<ruby>家<rt>いえ</rt></ruby>

1 그림을 보고, 그 물건의 이름과 개수, 있는 곳을 이야기해보자.

A : (　　　　　) は いくつ ありますか。 / 何人^{なんにん} いますか。

B1 : (조수사) あります。 / います。

B2 : (　　　　) の (위치어) に (조수사) あります。 / います。

キムチチゲはおいしいですか。
김치찌개는 맛있습니까?

【장면1】 김 씨는 자주 가는 한국 식당에서 나카이 씨와 함께 식사를 하고 있다.

キム	その キムチチゲは どうですか。
	からいですか。
中井 なかい	いいえ、あまり からく ありません。
キム	ここは 安_{やす}くて、おいしい 店_{みせ}です。
中井 なかい	いい お店_{みせ}ですね。
	会社_{かいしゃ}から 近_{ちか}いですが、はじめて 来_きました。
キム	そうですか。何_{なに}か 飲_のみますか。
中井 なかい	じゃ、焼酎_{しょうちゅう}を ください。

● 새로운 단어 ●

キムチチゲ 김치찌개 / **はじめて** 처음

● 한국어 번역 ●

김 .... 그 김치찌개는 어떻습니까? 맵습니까?

나카이 .... 아니요, 그다지 맵지 않습니다.

김 .... 여기는 싸고 맛있는 식당입니다.

나카이 .... 좋은 식당이네요. 회사에서 가깝지만 처음 왔습니다.

김 .... 그렇습니까? 뭔가 마시겠어요?

나카이 .... 그럼 소주 주세요.

1 형용사 (성질·상태 등을 나타낸다)

い형용사

종지형이 「い」로 끝나는 형용사.

暑い 덥다 / 大きい 크다 / おいしい 맛있다 / むずかしい 어렵다……

な형용사

종지형이 「だ」로 끝나는 형용사.

好きだ 좋아하다 / きれいだ 예쁘다, 깨끗하다 / かんたんだ 간단하다 / 有名だ 유명하다……

2 い 형용사의 활용·현재

① 〔名詞〕 は 〔い形容詞〕 です。

〔명사〕 는 〔い형용사〕 합니다.

예 : 山本先生は やさしいです。 야마모토 선생님은 친절합니다(착합니다).

② 〔名詞〕 は 〔い形容詞〕 い く ありません。 / い く ないです。

〔명사〕 는 〔い형용사〕 ~하지 않습니다.

예 : 日本語は むずかしく ありません。 / むずかしく ないです。

　　　일본어는 어렵지 않습니다.

③ 〔い形容詞〕 ＋ 〔名詞〕

〔い형용사〕 ~ㄴ·은/는 〔명사〕

예 : これは おもしろい 本です。 이것은 재미있는 책입니다.

④ 〔い形容詞〕 い くて、

〔い형용사〕 하고,

예 : あの ビルは 大きくて 高いです。 저 빌딩은 크고 높습니다.

※ いい/よい (좋은, 좋다) 의 활용.

○　顔も　<u>よくて</u>、性格も　いいです。　でも　成績が　<u>よく</u>　ありません。

　　　얼굴도 잘생겼고, 성격도 좋습니다. 그렇지만 성적이 좋지 않습니다.

×　顔も　<u>いくて</u>、性格も　いいです。　でも　成績が　<u>いく</u>　ありません。

3 ～は　どうですか 〈 ~은/는 어떻습니까〉

〔名詞〕　は　〔疑問詞(どう) 〕ですか。♪

〔명사〕　는　〔의문사(어떻게)〕 합니까?

예 : A : 日本語の　勉強は　どうですか。　일본어 공부는 어떻습니까?
　　　B : 楽しいです。　재미있습니다.

4 何か　/　だれか　/　どこか　/　いつか 〈뭔가 / 누군가 / 어딘가 / 언젠가〉

예 : 何か　食べますか。　뭔가 먹을래요?

　　　となりの　部屋に　だれか　いますか。　옆방에 누군가가 있습니까?

5 ～が、～ 〈역접〉

〔文〕が、〔文〕

〔문장〕 이지만, 〔문장〕

예 : ここの　コーヒーは　おいしいですが、高いです。

　　　여기 커피는 맛있지만, 비쌉니다.

1 い形容詞活用 い 형용사활용

	い 形容詞 기본형	～です 긍정	～~~い~~く ありません 부정	～い + 名詞 수식	～~~い~~くて、 하고~
01	^{あつ}暑い　　　덥다				
02	^{さむ}寒い　　　춥다				
03	^{おお}大きい　　크다				
04	^{ちい}小さい　　작다				
05	^{たか}高い　　높다/비싸다				
06	^{ひく}低い　　　낮다				
07	^{やす}安い　　　싸다				
08	おもしろい　재미있다				
09	いい / よい　좋다				
10	^{わる}悪い　　　나쁘다				
11	おいしい　맛있다				
12	からい　　맵다				
13	あまい　　달다				
14	やさしい　쉽다/상냥하다				

15	むずかしい　　어렵다				
16	^{おお} 多い　　　　많다				
17	^{すく} 少ない　　　적다				
18	^{あたら} 新しい　　　새롭다				
19	^{ふる} 古い　　　오래되다				
20	^{ちか} 近い　　　가깝다				
21	^{とお} 遠い　　　멀다				
22	^{なが} 長い　　　길다				
23	^{みじか} 短い　　　짧다				
24	^{たの} 楽しい　　즐겁다				
25	うれしい　　기쁘다				
26	かわいい　　귀엽다				
27	いそがしい　바쁘다				
28	^{いた} 痛い　　　아프다				

1 예와 같이 문장을 만들어서 이야기해보자.

예 : ソウルタワー/高_{たか}い/はい/いいえ

A : ソウルタワーは高いですか。

B : はい、高いです。

いいえ、高くありません。低いです。

① ラーメン/おいしい
はい/いいえ

② テスト/むずかしい
はい/いいえ

③ 大学_{だいがく}/小さい
はい/いいえ

④ 家_{いえ}/新_{あたら}しい
はい/いいえ

일요일~~~

⑤ 日曜日_{にちようび}/いそがしい
はい/いいえ

⑥ ねこ/かわいい
はい/いいえ

【상황2】 김 씨는 다음 주에 오사카에 가는데, 신칸센과 비행기 중 어느 것이 좋을지 고민하고 있다.

キム　　　来週、大阪に 行きます。
　　　　　新幹線と 飛行機と どちらが はやいですか。

小林　　　そうですね。
　　　　　新幹線より 飛行機の ほうが はやいですが、
　　　　　空港まで 遠いですね。
　　　　　ぼくは いつも 新幹線に 乗ります。

【상황3】 김 씨의 오사카 여행은 재미있었던 것 같다.

小林　　　キムさん、大阪は どうでしたか。

キム　　　はい。とても 楽しくて、いい旅行でした。
　　　　　大阪は 安い ホテルでしたが、悪く ありませんでした。
　　　　　そうそう、天気が よくて、新幹線の 中から
　　　　　富士山が 見えました。

小林　　　それは よかったですね。

● 새로운 단어 ●

大阪 오사카. 일본 서부 최대의 도시로, 관서지방의 경제·문화의 중심지. / **新幹線** JR이 운영하는 일본 고속철도. 도쿄-오사카 사이가(약 500km) 최단 시간 2시간 22분. / **はやいです** 빠릅니다〈い형용사 **はやい** 빠르다〉 / **空港** 공항 / **そうそう** 그래 그래(그래 맞아) / **天気** 날씨 / **富士山** 시즈오카현과 야마나시현에 걸치는 일본의 가장 높은 산(3776m), 활화산 / **見えました** 보였습니다〈동사 **見える** 보이다〉

● 한국어 번역 ●

김 .... 다음주에 오사카에 갑니다.
　　　　　　신칸센과 비행기 중 어느 쪽이 빠릅니까?

고바야시 ...... 글쎄요.
　　　　　　신칸센보다 비행기가 빠르지만, 공항까지 멀죠.
　　　　　　저는 항상 신칸센을 탑니다.

고바야시 ...... 김씨, 오사카는 어땠습니까?

김 .... 네. 매우 즐겁고, 좋은 여행이었습니다.
　　　　　　오사카에서는 싼 호텔이었지만 나쁘지 않았습니다.
　　　　　　참, 맞다! 날씨가 좋아서 신칸센 안에서 후지산이
　　　　　　보였습니다.

고바야시 ...... 그것 참 잘됐네요.

1 비교Ⅰ

① 〔名詞1〕 と 〔名詞2〕と どちらが 〔い·な形容詞〕 ですか。

〔명사1〕 과 〔명사2〕 와 어느 쪽이 〔い·な형용사〕 합니까?

「どれ」는 3개 이상의 것들 중에서, 「どちら·どっち」는 2개 중에서 하나를 선택할 때 쓴다.

예 : ライオンと トラと どちらが 大きいですか。

사자와 호랑이와 어느 쪽이 큽니까?

② どちらも 〔い·な形容詞〕 です。

어느 쪽도 〔い·な형용사〕 합니다.

예 : どちらも 大きいです。

어느 쪽도(둘 다) 다 큽니다.

③ 〔名詞1〕 は 〔名詞2〕 より 〔い·な形容詞〕 です。

〔명사1〕 는 〔명사2〕 보다 〔い·な형용사〕 합니다.

예 : ゾウは ライオンより 大きいです。

코끼리는 사자보다 큽니다.

④ 〔名詞2〕 より 〔名詞1〕 のほうが 〔い·な形容詞〕 です。

〔명사2〕 보다 〔명사1〕 쪽이 〔い·な형용사〕 합니다.

예 : ライオンより ゾウの ほうが 大きいです。

사자보다 코끼리 쪽이 큽니다.

2 い 형용사의 활용·과거

① 〔名詞〕 は 〔い形容詞〕いかったです。

〔명사〕 는 〔い·な형용사〕했습니다.

예 : きのうの パーティは 楽^{たの}しかったです。

어제 파티는 재미있었습니다.

② 〔名詞〕 は 〔い形容詞〕いく ありませんでした。 / いく なかったです。

〔명사〕 는 〔い·な형용사〕하지 않았습니다.

예 : 試験^{し けん}は やさしく ありませんでした。 / やさしく なかったです。

시험은 쉽지 않았습니다.

※ いい/よい (좋은, 좋다) 의 활용

○ 高校^{こうこう}の とき、成績^{せいせき}が <u>よかったです。</u>

고등학교 때 성적이 좋았습니다.

× 高校^{こうこう}の とき、成績^{せいせき}が <u>いかったです。</u>

3 조사Ⅶ

① より (보다) 車^{くるま}より 地下鉄^{ち か てつ}が はやいです。

자동차보다 지하철이 빠릅니다.

1 동물

우리 동물원엔
이런 동물이 살아요!!

ねこ	いぬ	さる	^{うま}馬	^{うし}牛
고양이	개	원숭이	말	소

^{ぶた}豚	ライオン	トラ	ゾウ	キリン
돼지	사자	호랑이	코끼리	기린

パンダ	うさぎ	^{とり}鳥	^{さかな}魚	チョウ
팬더	토끼	새	생선	나비

1 예와 같이 바꿔보자.

예 : 夏は暑いです。→ 暑い夏です。

① マンガはおもしろいです。　② 教会は古いです。　③ 授業は楽しいです。

→　　　　　　　　　　　　　　→　　　　　　　　　　　　　→

2 예와 같이 바꿔보자.

예 : ラーメン/おいしい/安い

　　→ラーメンはおいしくて、安いです。

① 恋人/やさしい/かわいい　② 家/古い/小さい　③ 韓国の冬/寒い/長い

→　　　　　　　　　　　　　→　　　　　　　　　　　　→

1 비교의 문형을 사용하여 아래의 두 개를 비교해보자.

A : (a) と (b) と どちらが ＿＿＿＿ ですか。

B : (a) は (b) より ＿＿＿＿ です。

(b) より (a) のほうが ＿＿＿＿ です。

どちらも ＿＿＿＿ です。

① ねこと トラ

② 牛肉と 豚肉

③ AとB

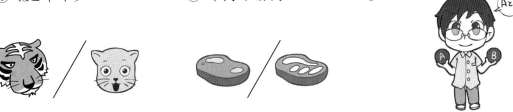

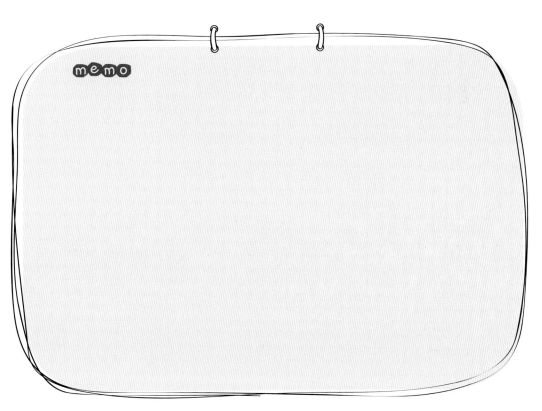

memo

07

きれいで静（しず）かな町（まち）です。
아름답고, 조용한 마을입니다.

【장면1】 김 씨는 노무라 선생님의 고향이 어떤 곳인지 묻고 있다.

キム　　　野村先生（のむらせんせい）の　ふるさとは　どちらですか。

野村（のむら）　　島根県（しまねけん）の　松江（まつえ）です。

キム　　　どんな　ところですか。

野村（のむら）　　とても　きれいで　しずかな　町（まち）です。

　　　　　でも交通（こうつう）は　あまり　便利（べんり）じゃ　ありません。

キム　　　どんな　ものが　有名（ゆうめい）ですか。

野村（のむら）　　穴道湖（しんじこ）と　出雲神社（いずもじんじゃ）が　有名（ゆうめい）で、そこには　縁結（えんむす）びの

　　　　　神様（かみさま）が　います。

● 새로운 단어 ●

ふるさと 고향　/　**島根県（しまねけん）の松江（まつえ）** 시마네현의 마쓰에. 시마네현은 일본의 중국지방의 현이고 마쓰에는 그 현의 현청소재지　/
ところ 곳(장소)　/　**町（まち）** 마을　/　**交通（こうつう）** 교통　/　**もの** 것, 물건　/　**穴道湖（しんじこ）** 신지호수. 시마네현에 있는 호수　/　**出雲（いずも）**
神社（じんじゃ） 이즈모 신사. 일본에서 가장 오래된 신사 중 하나. 국보.　/　**縁結（えんむす）び** 결연(연을 맺어줌)　/　**神様（かみさま）** 신　/

● 한국어 번역 ●

김 .... 노무라 선생님의 고향은 어디입니까?

노무라 .... 시마네현의 마쓰에입니다.

김 .... 어떤 곳입니까?

노무라 .... 아주 아름답고 조용한 마을입니다.

　　　　　　그렇지만 교통은 그다지 편리하지 않습니다.

김 .... 어떤 것이 유명합니까?

노무라 .... 신지호수와 이즈모 신사가 유명하고, 그곳에는 연을 맺어주는 신이 있습니다.

이해하자

1 **な** 형용사의 활용·현재

① 〔名詞〕 は 〔な形容詞〕 だです。

〔명사〕 는 〔な형용사〕 합니다.

예 : ソウルは　にぎやかです。 서울은 번화합니다.

② 〔名詞〕 は 〔な形容詞〕 だじゃ ありません。 / だじゃ ないです。

〔명사〕 는 〔な형용사〕 ～하지 않습니다.

예 : 試験_{しけん}は かんたんじゃ ありません。 かんたんじゃ ないです。

　　　　시험은 간단하지 않습니다.

③ 〔な形容詞〕 だな ＋ 〔名詞〕

〔な형용사〕 ～ㄴ·은/는 〔명사〕

예 : パクさんは 元気_{げんき}な 人_{ひと}です。 박 씨는 건강한 사람입니다.

④ 〔な形容詞〕 だで、

〔な형용사〕 하고,

예 : 鈴木先生_{すずきせんせい}は きれいで 親切_{しんせつ}です。 스즈키 선생님은 예쁘고, 친절합니다.

2 **どんな** 〈어떤〉

どんな 〔名詞〕

어떤 〔명사〕

예 : A : 部屋_{へや}は どんな 部屋_{へや}ですか。 방은 어떤 방입니까?

　　B : 静_{しず}かな 部屋_{へや}です。 조용한 방입니다.

3 부사II〈정도〉

とても・すこし + 〈긍정문〉 / あまり・ぜんぜん + 〈부정문〉

아주, 매우・조금   / 별로, 그다지・전혀

예 : 田中さんは　とても　親切です。　다나카 씨는 매우 친절합니다.

ピアノは　あまり　上手じゃ　ありません。　피아노는 별로 잘 치지(능숙하지) 못합니다.

● 일본 신사는 Power spot?

일본에는 많은 신사(神社)가 있습니다. 신사는 본래 신도(神道)의 신들을 모신 곳인데, 일본인들은 신도를 믿지 않아도, 설날이나 결혼식, 출산 때 신사에 참배하러 잘 갑니다.

가족의 건강, 대학입시, 출산 등을 빌기 위해 신사에 가서 기원하거나, 소원성취를 비는 글을 팻말(에마絵馬)에 써넣거나, 부적을 사기도 합니다. 그중에서도 그곳에 가면, 멋있는 배우자(이성)를 만날 수 있다는 이른바 '연분에 효력이 있는 신사가 전국에 있습니다. 그야말로 현대의 power spot. 실컷 고생하고 결국 신에게 빈(가미다노미 神頼み)다는 말이 있듯이.

1 な形容詞活用 な 형용사활용

	な형용사 기본형		~だです 긍정	~だじゃありません 부정	~だな+명사 수식	~だで、 하고~
01	す 好きだ	좋아하다				
02	きらいだ	싫어하다				
03	きれいだ	예쁘다/ 깨끗하다				
04	げんき 元気だ	건강하다				
05	しんせつ 親切だ	친절하다				
06	まじめだ	성실하다				
07	しずかだ	조용하다				
08	にぎやかだ	번화하다				
09	だいす 大好きだ	매우 좋아하다				
10	ゆうめい 有名だ	유명하다				
11	じょうず 上手だ	잘하다, 능숙하다				
12	へ た 下手だ	잘 못하다, 서투르다				
13	べん り 便利だ	편리하다				
14	ふ べん 不便だ	불편하다				

15	かんたんだ	간단하다				
16	とくい 得意だ	잘하다, 제일 자신 있다				
17	にがて 苦手だ	잘 못하다, 질색이다				
18	おな 同じだ	같다				
19	だいじょうぶだ	괜찮다				
20	だめだ	안 좋다 안 된다				
21	いやだ	싫다				
22	たいへんだ	큰일이다, 힘들다				
23	ハンサムだ	잘생기다				
24	すてきだ	멋지다, 근사하다				
25	りっぱだ	훌륭하다				
26	だいじ 大事だ	중요하다, 소중하다				
27	ざんねんだ	유감스럽다				
28	ひまだ	한가하다				

연습하자

1 예와 같이 문장을 만들어 이야기해보자.

예 : 京都(きょうと)/静(しず)かだ/はい/いいえ

A : 京都(きょうと)は静(しず)かですか。

B : はい、静(しず)かです。

いいえ、静(しず)かじゃありません。 にぎやかです。

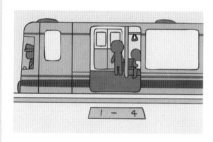

① 地下鉄(ちかてつ)/便利(べんり)だ

はい/いいえ

② 虫(むし)/きらいだ

はい/いいえ

③ 日曜日(にちようび)/ひまだ

はい/いいえ

④ 料理(りょうり)/苦手(にがて)だ

はい/いいえ

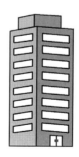

⑤ アパート/りっぱだ

はい/いいえ

⑥ 恋人(こいびと)/ハンサムだ

はい/いいえ

【상황2】 김 씨와 나카이 씨가 좋아하는 스포츠에 관해 이야기하고 있다.

キム　　中井さんは　どんな　スポーツが　好きですか。

中井　　スポーツですか。

　　　　きらいじゃ　ないですが、走ることが　すこし　苦手です。

キム　　そうですか。

　　　　ぼくは　スポーツの　中で　サッカーが　いちばん　好きです。

【상황3】 노무라 선생님이 김 씨의 일본어를 칭찬하고 있다.

野村　　キムさん、最近　日本語が　上手に　なりましたね。

キム　　ありがとうございます。

　　　　だんだん　むずかしく　なりますが、がんばります。

● 새로운 단어 ●

スポーツ 스포츠　/　**走ること** 달리기　/　**最近** 최근　/　**だんだん** 점점　/　**がんばります** 열심히 하겠습니다.〈동사 **がんばる** 노력하다, 분발하다〉

● 한국어 번역 ●

김 .... 나카이 씨는 어떤 스포츠를 좋아합니까?

나카이 .... 스포츠 말입니까?

　　　　　싫어하지는 않지만, 달리기는 좀 못합니다.

김 .... 그렇습니까?

　　　　　저는 스포츠 중에는 축구를 제일 좋아합니다.

노무라 .... 김 씨, 최근에 일본어가 좋아졌네요(늘었네요).

김 .... 감사합니다.

　　　　　점점 어려워지지만 열심히 하겠습니다.

1 비교 II

① 〔名詞1〕 の 中で 〔名詞2〕が いちばん 〔い·な形容詞〕です.

〔명사1〕 중에 〔명사2〕가 제일 〔い·な형용사〕합니다.

3개 이상의 것들 중에서 하나를 선택하는 경우에 쓴다.

예 : 動物の 中で いぬが いちばん 好きです.

동물 중에 개를 가장 좋아합니다.

2 ～く なります/～に なります 〈~하게 됩니다〉

① 〔名詞〕 に なります.

〔명사〕 이/가 됩니다.

② 〔い形容詞〕 ～く なります.

〔い형용사〕 ~해집니다. / ~하게 됩니다.

③ 〔な形容詞〕 ～だに なります.

〔な형용사〕 ~해집니다. / ~하게 됩니다.

예 : イムさんは 来年 大学生に なります. 임 씨는 내년에 대학생이 됩니다.

きのうから 急に 寒く なりました. 어제부터 급격히(갑자기) 추워졌습니다.

週末は 町も にぎやかに なります. 주말에는 마을도 번화해집니다.

3 동사의 명사화

〔動詞(基本形)〕 + こと

〔동사(기본형)〕 + 것/일

読む + こと→ 読む こと 읽는 것

食べる + こと→ 食べる こと 먹는 일

する + こと→ する こと 할 것(할 일)

예 : アニメを 見る ことが 好きです。

　　　애니메이션을 보는 것이 좋습니다(보는 것을 좋아합니다).

4 な형용사의 활용·과거

① 〔名詞〕 は 〔な形容詞〕でした。

〔명사〕 는 〔な형용사〕 했습니다.

예 : きょうの 試験は だめでした。

　　　오늘의 시험은 망쳤습니다.

② 〔名詞〕 は 〔な形容詞〕だじゃ ありませんでした。 / だじゃ なかったです。

〔명사〕 는 〔な형용사〕 하지 않았습니다.

예 : 週末は ひまじゃ ありませんでした。 / ひまじゃ なかったです。

　　　주말에는 한가롭지 않았습니다.

1 스포츠

野球
<ruby>やきゅう</ruby>

야구

サッカー

축구

バスケットボール

농구

テニス

테니스

バドミントン

배드민턴

卓球
<ruby>たっきゅう</ruby>

탁구

バレーボール

배구

ボーリング

볼링

スキー

스키

スケート

스케이트

剣道
<ruby>けんどう</ruby>

검도

すもう

스모

1 예와 같이 바꿔보자.

예 : ソウルはにぎやかです。 → にぎやかなソウルです。

① 図書館はりっぱです。→ ② 絵は下手です。→ ③ 服はすてきです。→

2 예와 같이 바꿔보자.

예 : 部屋/きれいだ/しずかだ
→ 部屋はきれいでしずかです。

① スマホ/便利だ/かんたんだ ② パクさん/親切だ/まじめだ

→ →

1 좋아하는, 혹은 싫어하는 공부에 대해서 이야기해보자. 그리고 왜 그것이 좋고 싫은지 설명해보자.

▶ 과목

国語 국어	数学 수학	英語 영어	歴史 역사	地理 지리
物理 물리	化学 화학	体育 체육	音楽 음악	美術 미술

〈 好きだ 좋다 / きらいだ 싫다 / 得意だ 잘하다 / 苦手だ 못하다(질색이다) 〉

A: Bさんは 勉強が 好きですか。

B: はい/いいえ、＿＿＿＿＿＿＿。

A: じゃ、勉強の 中で 何が いちばん ＿＿＿＿＿＿。

B: (과목)が いちばん ＿＿＿＿＿＿。

A: どんな ところが ＿＿＿＿＿＿。

B: ＿＿＿＿＿＿＿＿＿＿からです。

2 형용사를 많이 외워보자.

「きのう、わたしは デパートで ＿＿형용사＿＿ (물건)を 買いました。」

위 문장을 활용하여 살 것들을 이어간다.

예: 첫 번째 사람: 「きのう、わたしは デパートで からい キムチを 買いました。」

두 번째 사람: 「きのう、わたしは デパートで からい キムチと きれいな かばんを 買いました。」

세 번째 사람: 「きのう、わたしは デパートで からい キムチと きれいな かばんと ……を 買いました。」

りょうしん　あね
両親と 姉が います
부모님과 누나가 있습니다.

【상황1】 김 씨와 나카이 씨는 서로의 가족에 대해 이야기하고 있다.

なか い　　　　　　か ぞく　　なんにん
キム　　　中井さんの 家族は 何人ですか。

なか い　　　　　　　か ぞく　　　 ご ん
中井　　　わたしの 家族は 5人です。

ち ち　　はは　　そ ぼ　　おとうと
父と 母と 祖母と 弟と わたしです。

いぬ
それから 犬の コロが います。

なんにん　か ぞく
キムさんは 何人 家族ですか。

よ にん　か ぞく
キム　　　4人 家族です。

りょうしん　 あね
両親と 姉が います。

あね　いま
でも 姉は 今 アメリカに います。

なか い　　　　　かんこく　　　　　 と う　　　　　　 か あ
中井　　　じゃ、韓国には お父さん、お母さんだけですね。

. . . .

● 새로운 단어 ●

か ぞく
家族　가족

● 한국어 번역 ●

김 .... 나카이 씨의 가족은 몇 명입니까?

나카이 .... 제 가족은 5명입니다.

　　　　　　아버지와 어머니와 할머니와 동생과 저입니다.

　　　　　　그리고 강아지 '고로'가 있습니다.

　　　　　　김 씨는 몇 명 가족입니까?

김 .... 4명 가족입니다. 부모님과 누나가 있습니다.

　　　　　　하지만 누나는 지금 미국에 있습니다.

나카이 .... 그럼 한국에는 아버지와 어머니뿐이군요.

1 가족을 말하는 법

① 자신의 가족을 대상으로 말하는 경우

예 : わたしの 父は 会社員です。

저의 아버지는 회사원입니다.

ぼくの 妹は 歌が 得意です。

저의 여동생은 노래를 잘 부릅니다.

祖父と 祖母は プサンに います。

할아버지와 할머니는 부산에 있습니다.

② 상대의 가족을 지칭할 경우

예 : キムさんの お母さんは お元気ですか。

김 씨의 어머니는 건강하십니까?

佐藤さんの おじいさんは 野球選手 でした。

사토 씨의 할아버지는 야구선수였습니다.

弟さんは 高校生ですか。

동생 분은 고등학생입니까?

③ 자신의 가족을 부를 경우

예 : お母さん、 いってきます。

어머니, 다녀오겠습니다.

お兄ちゃん、 おやすみなさい。

형님, 안녕히 주무세요.

외우자!

1 가족 호칭법

	자신의 가족을 지칭할 때	상대방의 가족을 지칭할 때	가족끼리 부를 때
할아버지	祖父(そふ)	おじいさん	おじいさん
할머니	祖母(そぼ)	おばあさん	おばあさん
아버지	父(ちち)	お父(とう)さん	お父(とう)さん
어머니	母(はは)	お母(かあ)さん	お母(かあ)さん
부모	両親(りょうしん)	ご両親(りょうしん)	
형/오빠	兄(あに)	お兄(にい)さん	お兄(にい)さん
누나/언니	姉(あね)	お姉(ねえ)さん	お姉(ねえ)さん
동생	弟(おとうと)	弟(おとうと)さん	이름
여동생	妹(いもうと)	妹(いもうと)さん	이름

◎8 両親と姉がいます。　111

연습하자

1 그림을 보고 「나의 가족」을 소개하자.

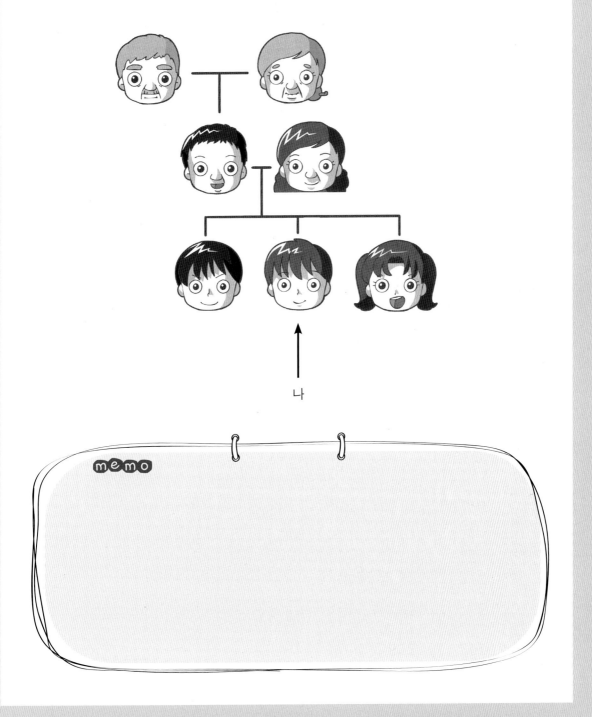

나

memo

【상황2】 사진을 보니 김 씨는 아버지와 닮은 것 같다.

中井　　この方が　キムさんの　お姉さんですか。

キム　　はい。２年ぐらい　前の　写真です。

中井　　きれいな　方　ですね。

　　　　お姉さんの　前の　方が　お父さんと　お母さんですか。

キム　　そうです。

中井　　キムさんは　お父さんに　目が　似て　いますね。

【상황3】 김 씨가 고바야시 씨에게 나이를 물어보고 있다.

キム　　失礼ですが、小林さんは　おいくつですか。

小林　　２１才です。

キム　　じゃ、ぼくと　同じですね。

小林　　え？　キムさんは　満で　何才ですか。

キム　　20才です。

小林　　ぼくの　方が　ひとつ　年上です。

- ● 새로운 단어 ●

方 분(사람을 가리킬 때), 쪽(방향을 가리킬 때)　/　似て います 닮았다　/　失礼ですが 실례지만(실례입니다만)　/　同じ
です 같습니다.〈な형용사 同じだ 같다, 똑같다〉　/　満 만　/　年上 연상

- ● 한국어 번역 ●

나카이 .... 이 분이 김 씨의 누나입니까?	김 .... 실례합니다만 고바야시 씨는 몇 살입니까?
김 .... 네. 2년 정도 전의 사진입니다.	고바야시 ..... 21살입니다.
나카이 .... 예쁘시네요(예쁘신 분이네요). 누나 앞에 계신 분	김 .... 그럼 저랑 같네요
이 아버지와 어머니입니까?	고바야시 ..... 예? 김 씨는 만으로 몇 살입니까?
김 .... 네.	김 .... 20살입니다.
나카이 .... 김 씨는 아버지와 눈이 닮았네요.	고바야시 ..... 제가 한 살 더 많습니다.

1 おいくつですか 〈나이가 몇 살입니까?〉

おいくつですか。＝ 何さいですか。

몇 세이십니까? = 몇 살입니까?

何年 生まれですか。

몇 년생입니까?

일본에서는 상대방에게 나이를 묻는 것이 실례인 경우도 있기 때문에, 물을 때는
「失礼ですが」를 붙인다.

※ 한국에서는 한국식 나이 세기로 연령을 말하지만, 일본에서는 만으로 말한다.

예 : 失礼ですが、鈴木さんは 何年 生まれですか。

실례지만 스즈키 씨는 몇 년생입니까?

パクさんの お子さんは 何才ですか。

박 씨의 자녀 분은 몇 살입니까?

● 일본 나이로 몇 살이에요?

일본에서는 나이를 셀 때 만으로 계산합니다. 한국은 태어나면서 1살인데, 일본은 태어난 지 1년
이 지난 후 1살이 됩니다. 보통 초등학교는 6살에 입학하고, 18살에 대학 1학년생이 됩니다. 일본인이
"나이는 어떻게 되나요?(年はおいくつですか)"라고 물으면, 만 나이로 대답해야 합니다. 한국 나이로
대답하면 일본인에게는 이상하게 들릴지 모릅니다.

일본에서 술을 마실 수 있는 나이는 만 20세부터, 그러나 운전은 만 18세부터이고, 2016년 여름
부터는 선거연령이 만 18세로 낮아졌습니다. 18세라 해도 이제는 성인입니다.

1 얼굴이나 몸

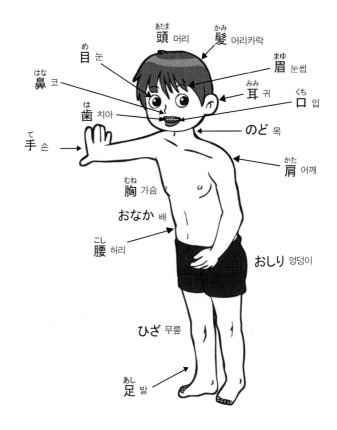

- 신체 관용구

顔が 広い	잘 알려지다(발이 넓다)
目が 高い	안목이 높다(눈이 높다)
目が ない	매우 좋아하다
鼻が 高い	우쭐해 하다
口に 合う	입에 맞다
口が うまい	말을 잘하다
首に なる	해고되다
のどから 手が 出る	몹시 갖고 싶어하다
うでが 上がる	솜씨가 늘다
おなかが いっぱいだ	배가 부르다

1 사진을 보고 「박 씨의 가족」에 대해 질문해 보자.

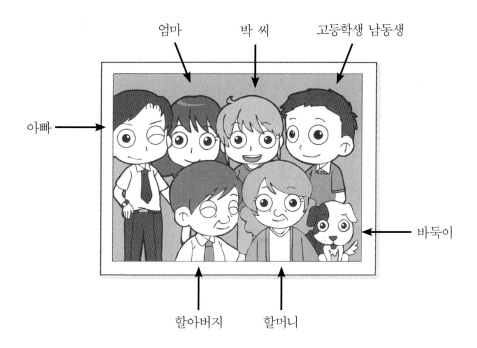

1 「나의 가족」에 대해 문장을 써보자.

예 : わたしの 家族は 4人です。

父と 母と 妹が います。

わたしの 妹は 高校 1年生です。

妹の 趣味は マンガです。

勉強は あまり 好きじゃ ありません。

でも やさしくて、かわいいです。

先週 母の 誕生日でしたが、わたしと いっしょに ケーキを 作りました。

いっしょに行きませんか。
같이 가지 않을래요?

【상황1】 김 씨는 잡지에서 가마쿠라에 대해 알게 됐다. 가마쿠라는 도쿄에서 멀지 않다.

キム	中井さん、今度 鎌倉へ お寺や 神社を 見に 行きませんか。
中井	いいですね。いっしょに 行きましょう。
キム	鎌倉を 歩きながら 日本の 歴史や 文化が 知りたいです。
中井	いつ 行きますか。
キム	来週の 日曜日は どうですか。
中井	じゃ、東京駅で 9時に 会いましょう。

● 새로운 단어 ●

今度 이번에 / **鎌倉** 가마쿠라. 시나가와현에 있다. 1192년부터 약 150년간 막부가 있었던 곳. 신사나 절이 많다. / **寺** 절 /
歩きながら 걸으면서 〈동사 **歩く** 걷다〉 / **歴史** 역사 / **文化** 문화

● 한국어 번역 ●

김 .... 나카이 씨, 이번에 가마쿠라에 절이나 신사를
　　　　　　보러 가지 않겠습니까?

나카이 .... 좋네요. 같이 갑시다.

김 .... 가마쿠라를 걸으면서 일본 역사나 문화를 알고 싶습니다.

나카이 .... 언제 갈까요?

김 .... 다음 주 일요일은 어떻습니까?

나카이 .... 그럼 도쿄역에서 9시에 만납시다.

1 ～ませんか・～ましょう〈권유〉

〔動詞(ます形)〕ませんか。 / 〔動詞(ます形)〕ましょう。

〔동사(ます형)〕하지 않겠습니까? / 〔동사(ます형)〕합시다.

예：いっしょに ごはんを 食べませんか。 함께 밥을 먹지 않겠습니까?

ええ、食べましょう。 네, 먹읍시다.

2 ～に 行きます〈~하러 갑니다〉

〔動詞(ます形)〕に 行きます / 来ます / 帰ります。

〔동사(ます형)〕~하러 갑니다 / 옵니다 / 돌아갑니다.

「に」뒤에는「行く」「来る」등의 이동동사가 온다.

예：東京へ 行きます。+ 東京で 遊びます。= 東京へ 遊びに 行きます。

도쿄에 갑니다. + 도쿄에서 놉니다. = 도쿄에 놀러 갑니다.

3 ～たいです〈~하고 싶습니다〉

〔動詞(ます形)〕たいです。

〔동사(ます형)〕~하고 싶습니다.

예：週末に 映画が 見たいです。 영화가 보고싶습니다.

4 ～ながら〈~하면서〉

〔動詞(ます形)〕ながら、〔動詞2〕

〔동사1(ます형)〕~하면서, 〔동사2〕

예：音楽を 聞きながら、宿題を します。 음악을 들으면서 숙제를 합니다.

1 ます형의 문형

	ます형의 문형	あ 会う 만나다	あそ 遊ぶ 놀다	の 飲む 마시다	た 食べる 먹다	する 하다
01	~ませんか ~하지 않겠습니까					
02	~ましょう ~합시다					
03	~ましょうか ~할까요					
04	~に行きます ~하러 갑니다					
05	~たい(です) ~하고 싶다 (~하고 싶습니다)					
06	~ながら ~하면서					
07	~やすい(です) ~하기 쉽다 (~하기 쉽습니다)					
08	~にくい(です) ~하기 어렵다 (~하기 어렵습니다)					
09	~すぎる 너무 ~하다					
10	~方(かた) ~하는 법(방법)					

이해하자

1 예와 같이 친구들에게 권유를 해보자.

예 : 日本/行く

A : いっしょに日本へ行きませんか。

B : いいですね。行きましょう。

① ビール/飲む

② タクシー/乗る

③ すし/食べる

④ 映画/見る

⑤ ゲーム/する

⑥ 公園/遊ぶ

2 예와 같이 이야기해보자.

예 : 日本/友だち/会う/行く

→ 日本へ友だちに会いに行きます。

① アメリカ/ダンス/
習う/行く

→

② 図書館/本/
読む/來る(과거)

→

③ コンビニ/ジュース/
買う/行く

→

3 예와 같이 이야기해보자.

예 : テレビを見る/ごはんを食べる

→ テレビを見ながらごはんを食べます。

① ケーキを食べる/
雑誌を読む

→

② お酒を飲む /
友だちと話す

→

③ ラジオを聞く/
運転をする

→

〔상황2〕 한자를 외우기 위해 고바야시 씨가 제안한 공부 방법.

小林　　キムさん、日本語は　何が　むずかしいですか。

キム　　日本語は　覚えやすいですが、魚とか　野菜の　名前が

　　　　覚えにくいですね。

小林　　あー、そうですね。

　　　　じゃ、今から　すし屋に　行きましょうか。

キム　　え？

小林　　メニューを　見ながら、魚の　漢字の　読み方を

　　　　覚えましょう。

キム　　なるほど！

〔상황3〕 김 씨는 술을 너무 많이 마셔서 몸 상태가 좋지 않은 것 같다.

キム　　おなかが　痛いです。きのう　お酒を　飲みすぎました。

中井　　だいじょうぶですか。

キム　　すみません。薬が　飲みたいので、水が　ほしいです。

- -

● 새로운 단어 ●

覚えやすい/覚えにくい 외우기 쉽다/외우기 어렵다〈동사 覚える 외우다〉 ／ 魚 생선 ／ 野菜 야채 ／ 名前 이름 ／
すし屋 초밥집.「屋」는 가게, 식당을 나타낸다. ／ メニュー 메뉴 ／ 漢字 한자 ／ なるほど 과연 ／ 薬 약

● 한국어 번역 ●

고바야시 ..... 김 씨, 일본어는 뭐가 어렵습니까?
김 .... 일본어는 외우기 쉽지만 생선이나 야채 이름이 외
　　　　　　 우기 어렵죠.
고바야시 ..... 아~, 그렇네요. 그럼 지금부터 초밥집에 갈까요?
김 .... 네?
고바야시 ..... 메뉴를 보면서 생선의 한자 읽는 법을 외웁시다.
김 .... 과연!

김 .... 배가 아픕니다. 어제 술을 너무 많이 마셨습니다.
나카이 ..... 괜찮습니까?
김 .... 죄송합니다. 약이 먹고 싶어서(약을 먹으려고 하
　　　　　　 는데) 물이 필요합니다.

1 ～やすい(です)／にくい(です) 〈~하기 편하다(편합니다)/불편하다(불편합니다)〉

〔動詞(ます形)〕やすいです。 / にくいです。

〔동사(ます형)〕~하기 편합니다. / 불편합니다.

예 : このケータイは 使_{つか}いやすいです。

    이 휴대전화는 사용하기 편리합니다.

    着物_{きもの}は 歩_{ある}きにくいです。

    기모노는 걷기 불편합니다.

2 ～ましょうか 〈제안〉

〔動詞(ます形)〕ましょうか。

〔동사(ます형)〕할까요?

예 : タクシーに 乗_のりましょうか。 택시를 탈까요?

3 방법

〔動詞(ます形)〕方_{かた}

〔동사(ます형)〕~하는 법

書_かきます ＋ 方_{かた} → 쓰는 법

食_たべます ＋ 方_{かた} → 먹는 법

します ＋ 方_{かた} → 하는 법

예 : お好_{この}み焼_やきの 作_{つく}り方_{かた}が わかりません。

    오코노미야키 만드는 법을 모릅니다.

4 ～すぎる 〈 너무 ~하다〉

〔動詞(ます形)〕すぎる

너무 〔동사(ます형)〕하다

예 : きのうは　食べすぎました。　어제는 너무 많이 먹었습니다.

「～すぎる」는 부정적인 의미를 내포하고 있다. 또한 い형용사·な형용사의 어간에도 접속할

수 있다.

예 : 今年の　夏は　暑すぎました。　올해 여름은 너무 더웠습니다.
　　　山本先生は　まじめすぎます。　야마모토 선생님은 너무 성실합니다.

5 ～が ほしい(です) 〈~가 필요하다, 갖고 싶다(필요합니다, 갖고 싶습니다)〉

〔名詞〕が　ほしいです。

〔명사〕가 필요합니다(갖고 싶습니다).

예 : 新しい　車が　ほしいです。　새 자동차를 갖고 싶습니다.

6 조사Ⅷ

① とか (나, 라든가)　　　日本の　アニメとか　歌が　好きです。

일본의 애니메이션이나 노래를 좋아합니다.

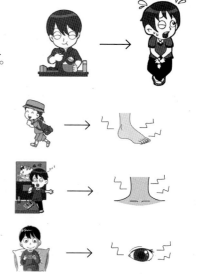

연습하자

1 예와 같이 제안해보자.

노인입니다. 짐이 무거워 보입니다.

荷物/持つ

→ 荷物を持ちましょうか。

① 관광객입니다. 길을 모르는 것 같습니다.

道/教える　→

② 외국인입니다. 한글을 못 쓰는 것 같습니다.

韓国語/書く　→

③ 선배입니다. 과음해서 속이 안좋아 보입니다.

タクシー/呼ぶ　→

2 예와 같이 이유를 말해보자.

食べる ⇒ おなかが痛い

→ 食べすぎました。それで、おなかが痛いです。

① 歩く ⇒ 足が痛い。

→

② カラオケで歌う ⇒ のどが痛い。

→

③ ゲームをする ⇒ 目が痛い。

→

1 지금 하고 싶은 것·갖고 싶은 것에 대해 이야기해보자.

3년 후에 하고 싶은 것·갖고 싶은 것은 무엇입니까?

10년 후에 하고 싶은 것·갖고 싶은 것은 무엇입니까?

30년 후에 하고 싶은 것·갖고 싶은 것은 무엇입니까?

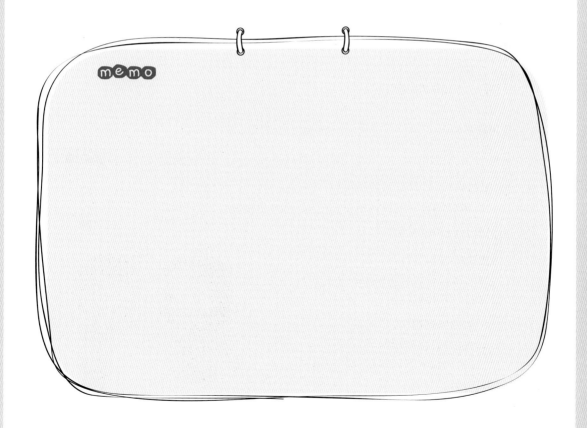

memo

すぐ寝てください。
바로 주무세요.

【상황1】 김 씨는 감기에 걸려 몸 상태가 안 좋은 것 같다.

キム　　風邪をひいて、すこし　具合が　悪いです。

中井　　病院に　行って、薬を　もらいましたか。

キム　　いいえ、まだ　行って　いません。

　　　　でも　薬は　もう　買いました。

中井　　じゃ、はやく　家に　帰って　薬を　飲んでから、

　　　　すぐ　寝て　ください。

キム　　ありがとうございます。

中井　　お大事に。

- -

● 새로운 단어 ●

風邪 감기 / **具合** 상태 / **もらいましたか** 받았습니까〈동사 **もらう** 받다〉 / **すぐ** 바로 / **お大事に** 몸조리 잘

하세요. 병이 나거나 다친 사람과 헤어질 때 쓰는 인사 표현.

● 한국어 번역 ●

김 .... 감기에 걸려서 조금 상태가 안 좋습니다.

나카이 .... 병원에 가서 약을 받았습니까?

김 .... 아니요, 아직 안 갔습니다.

　　　　　　그렇지만 약은 이미 샀습니다.

나카이 .... 그럼 빨리 집에 돌아가서 약을 먹고 바로 주무세요.

김 .... 감사합니다.

나카이 .... 몸조리 잘 하세요.

1 동사 て형의 활용

て형

~て/~で 　　　　　　　(~해, 해서)

I 그룹

어간+~て/で		て형	
く → ~いて	쓰다	書く+いて = 書いて	쓰고, 써서
ぐ → ~いで	수영하다	泳ぐ+いで = 泳いで	수영하고, 수영해서
す → ~して	말하다	話す+して = 話して	말하고, 말해서
う·つ·る → って	만나다	会う+って = 会って	만나고, 만나서
	기다리다	待つ+って = 待って	기다리고, 기다려서
	타다	乗る+って = 乗って	타고, 타서
ぬ·ぶ·む → ~んで	죽다	死ぬ+んで = 死んで	죽고, 죽어서
	놀다	遊ぶ+んで = 遊んで	놀고, 놀아서
	마시다	飲む+んで = 飲んで	마시고, 마셔서
* 예외	가다	行く → 行って	가고, 가서

II 그룹

る →~て	보다	見る+て = 見て	보고, 봐서

III 그룹

하다 する → して 하고. 해서	
오다 来る → 来て 오고, 와서	

2 ～て、～ 〈~해서〉

〔動詞(て形)〕、～

〔동사(て형)〕, ~

예 : きのうは デパートに 行って、映画を 見ました。

　　어제는 백화점에 가서 영화를 봤습니다.

　　朝、交通 事故が あって、遅刻しました。

　　아침에 교통사고가 있어서 지각했습니다.

3 ～てから、～ 〈 ~하고 나서〉

〔動詞(て形)〕てから、～

〔동사(て형)〕하고나서, ~

예 : 顔を 洗ってから、食事をしました。　얼굴을 씻고 나서 식사를 했습니다.

4 ～て ください 〈~해 주세요〉

〔動詞(て形)〕てください。

〔동사(て형)〕해주세요.

예 : 日本語で 書いて ください。　일본어로 써주세요.

　　韓国に 遊びに 来て ください。　한국에 놀러 와주세요.

5 부사Ⅲ

もう ＋ 〔肯定文〕 / まだ ＋ 〔否定文〕

벌써 ＋ 〔긍정문〕 / 아직 ＋ 〔부정문〕

예 : もう 家に 着きました。　벌써 집에 도착했습니다.

　　まだ 授業が 終わりません。　아직 수업이 끝나지 않았습니다.

1 動詞活用III 동사활용III

	동사 기본형		て형		동사 기본형		て형
01	会う あ	만나다		15	作る つく	만들다	
02	買う か	사다		16	撮る と	찍다	
03	歌う うた	노래하다		17	乗る の	타다	
04	行く い	가다		18	*ある	있다	
05	書く か	쓰다		19	帰る かえ	돌아가다	
06	聞く き	듣다		20	見る み	보다	
07	泳ぐ およ	수영하다		21	食べる た	먹다	
08	話す はな	말하다		22	着る き	입다	
09	待つ ま	기다리다		23	起きる お	일어나다	
10	死ぬ し	죽다		24	寝る ね	자다	
11	遊ぶ あそ	놀다		25	教える おし	가르치다	
12	読む よ	읽다		26	*いる	있다	
13	飲む の	마시다		27	勉強する べんきょう	공부하다	
14	休む やす	쉬다		28	来る く	오다	

1 예와 같이 부탁해보자.

off～

예：ケータイを切る

A：すみません。 ケータイを切ってください。

① 写真を撮る

② タクシーを呼ぶ

③ この荷物を持つ

④ あの皿を洗う。

⑤ 電話をかける。

⑥ この漢字の読み方を教える

2 예와 같이 연결하여 말해보자.

예 : コンビニ/行く ・ ジュース/買う ・ 家/飲む

→ コンビニに行って、ジュースを買って、家で飲みました。

① 朝/起きる ・ シャワー/する ・ 家/出る

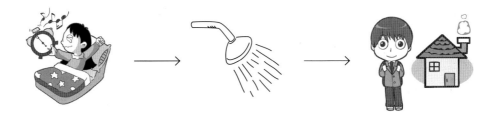

② 友だち/会う ・ 図書館/行く ・ いっしょ/勉強する

③ アルバイト/する ・ お金/もらう ・ プレゼント/買う

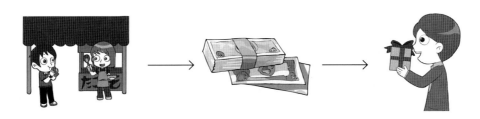

【상황2】 나카이 씨가 김 씨에게 전화를 했는데 김씨는 요리를 하고 있다.

中井　　もしもし、キムさん、今、何を して いますか。

キム　　今、カレーを 作って います。
　　　　最近、毎日 自分で 料理を 作って、食べて います。

中井　　わあ、今度 ごちそうして ください。

キム　　もちろん、いいですよ。

【장면3】 노무라 선생님은 차로 대학을 다니고 있는 것 같다.

キム　　野村先生は どこに 住んで いますか。

野村　　横浜です。

キム　　すこし 遠いですね。

野村　　ええ、でも 車を 持って いますので、
　　　　学校まで 1時間ぐらいです。

- - - - - - - - - - - - - - - - - - - -

● 새로운 단어 ●

もしもし 여보세요 / **最近** 최근 / **自分** 자신 / **ごちそうして** 대접해〈동사 ごちそうする 음식을 대접하다〉 / **もちろん** 물론 / **住んで** 살고〈동사 住む 살다〉 / **横浜** 요코하마. 도쿄 옆에 있는 시나가와현의 현청 소재지. 항구나 차이나타운으로 유명함. / **車** 자동차 / **持って** 가지고〈동사 持つ 갖다〉

● 한국어 번역 ●

나카이 .... 여보세요, 김 씨, 지금 뭘 하고 있습니까?

김 .... 지금 카레를 만들고 있습니다.
　　　　　　최근 매일 직접 요리를 해서 먹고 있습니다.

나카이 .... 와, 다음에 만들어주세요(맛 좀 보여주세요).

김 .... 물론이죠, 좋습니다.

김 .... 노무라 선생님은 어디에 살고 계십니까?

노무라 .... 요코하마입니다.

김 .... 조금 머네요.

노무라 .... 네, 하지만 자동차를 가지고 있어서, 학교까지 1
　　　　　　시간 정도 걸립니다.

1 〜て います 〈~하고 있습니다〉

〔動詞(ます形)〕 て　います。

〔동사(ます)형〕 하고　있습니다.

〈진행〉

예：今、ごはんを　食べて　います。

　　지금 밥을 먹고 있습니다.

〈습관〉

예：毎日、牛乳を　飲んで　います。

　　매일 우유를 마시고 있습니다.

〈상태〉

예：パクさんは　結婚して　います。

　　박 씨는 기혼입니다.

　　鈴木さんは　お父さんに　似て　います。

　　스즈키 씨는 아버지와 닮았습니다.

연습하자!

1 예와 같이 질문을 하고 대답해보자.

예：今、何をする/料理をする

A：今、何をしていますか。

B：料理をしています。

① 今、何をする/
レポートを書く

② 毎日、何をする/
日本のドラマを見る

③ 最近、何をする/
ダンスを習う

④ 最近、何をする/
ダイエットをする

⑤ どこに住む/大阪に住む

⑥ どこで働く/SG貿易で働く

1 지금은 밤 9시. 친구에게서 전화가 왔다. 친구의 질문에 대답해보자.

「もしもし、（　　A　　）さん、今、何を して いますか。」

memo

한 눈 에 익 히 는
기초 일본어

초판 1쇄 발행일 2016년 08월 26일

지은이 최석완·하야시 도모코·차일근·임명수
펴낸이 박영희
책임편집 김영림
디자인 박희경
마케팅 임자연
인쇄·제본 AP프린팅
펴낸곳 도서출판 어문학사
    서울특별시 도봉구 쌍문동 523-21 나너울 카운티 1층
    대표전화: 02-998-0094/ 편집부1: 02-998-2267, 편집부2: 02-998-2269
    홈페이지: www.amhbook.com
    트위터: @with_amhbook
    페이스북: https://www.facebook.com/amhbook
    블로그: 네이버 http://blog.naver.com/amhbook
    다음 http://blog.daum.net/amhbook
    e-mail: am@amhbook.com
    등록: 2004년 4월 6일 제7-276호

ISBN 978-89-6184-407-9 13730
정가 15,000원

이 도서의 국립중앙도서관 출판예정도서목록(CIP)은 e-CIP홈페이지(http://www.nl.go.kr/ecip)와
국가자료공동목록시스템(http://www.nl.go.kr/kolisnet)에서 이용하실 수 있습니다.
(CIP제어번호: CIP 2016019375)

ひらがな 【부록】 쓰기연습 カタカナ

ひらがな	あ행	か행	さ행	た행	な행	は행	ま행	や행	ら행	わ행	
あ단	あ	か	さ	た	な	は	ま	や	ら	わ	ん
い단	い	き	し	ち	に	ひ	み		り		
う단	う	く	す	つ	ぬ	ふ	む	ゆ	る		
え단	え	け	せ	て	ね	へ	め		れ		
お단	お	こ	そ	と	の	ほ	も	よ	ろ	を	

カタカナ	ア행	カ행	サ행	タ행	ナ행	ハ행	マ행	ヤ행	ラ행	ワ행	
ア단	ア	カ	サ	タ	ナ	ハ	マ	ヤ	ラ	ワ	ン
イ단	イ	キ	シ	チ	ニ	ヒ	ミ		リ		
ウ단	ウ	ク	ス	ツ	ヌ	フ	ム	ユ	ル		
エ단	エ	ケ	セ	テ	ネ	ヘ	メ		レ		
オ단	オ	コ	ソ	ト	ノ	ホ	モ	ヨ	ロ	ヲ	

ひらがな

[a]	[i]	[u]	[e]	[o]
あ	い	う	え	お

[ka]	[ki]	[ku]	[ke]	[ko]
か	き	く	け	こ

3

[sa]	[si]	[su]	[se]	[so]
さ	し	す	せ	そ

[ta]	[ti]	[tu]	[te]	[to]
た	ち	つ	て	と

[ma]	[mi]	[mu]	[me]	[mo]
ま	み	む	め	も

[ya]	[yu]	[yo]
や	ゆ	よ

[ra]	[ri]	[ru]	[re]	[ro]
ら	り	る	れ	ろ

[wa]	[o]	[n]
わ	を	ん

カタカナ

[a]	[i]	[u]	[e]	[o]
ア	イ	ウ	エ	オ

[ka]	[ki]	[ku]	[ke]	[ko]
カ	キ	ク	ケ	コ

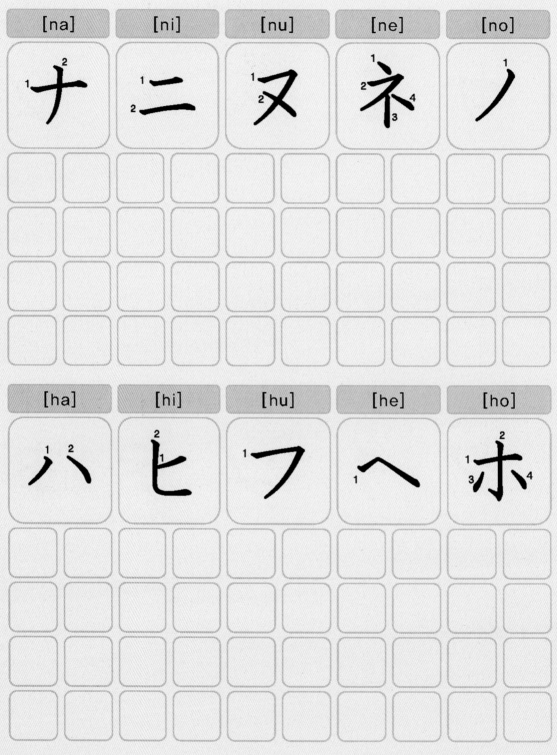

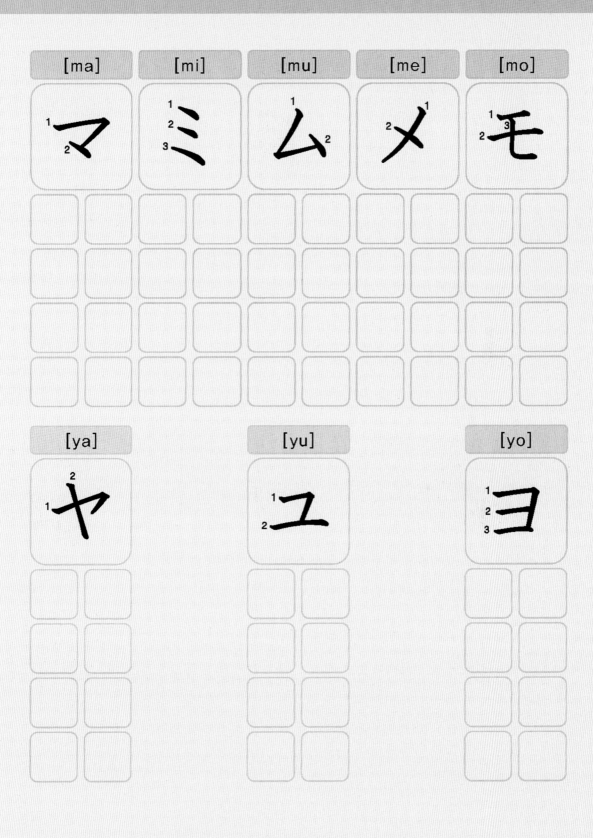

[ra]	[ri]	[ru]	[re]	[ro]
ラ	リ	ル	レ	ロ

[wa]	[o]	[n]
ワ	ヲ	ン